イタリアとその周辺地図

ヴァッレ・ダオースタ州
アオスタ
トリノ
ピエモンテ州
ロンバルディア州
ミラノ
トレンティーノ-アルト・アディジェ州
トレント
フリウリ-ヴェネツィア・ジュリア州
ヴェネト州
トリエステ
ヴェネツィア
ヴェローナ
パドヴァ
カンネート・スッローリオ
パルマ
モデナ
ボローニャ
エミリア-ロマーニャ州
ラヴェンナ
ジェノヴァ
リグーリア州
チンクエ・テッレ
カッラーラ
リグーリア海
フィレンツェ
トスカーナ州
サン・ジミニャーノ
シエナ
ピエンツァ
メルカテッロ・スル・メタウロ
ウルビーノ
アンコーナ
マルケ州
アドリア海
ペルージャ
アッシジ
オルヴィエト
ウンブリア州
スポレート
アブルッツォ州
ラクイラ
ファーラ・サン・マルティーノ
スルモーナ
マイエッラ山
ピエトラッボンダンテ
テルモリ
モリーゼ州
カンポバッソ
ボマルツォ
トゥスカーニア
タルクィニア
ローマ
ラツィオ州
ニンファ

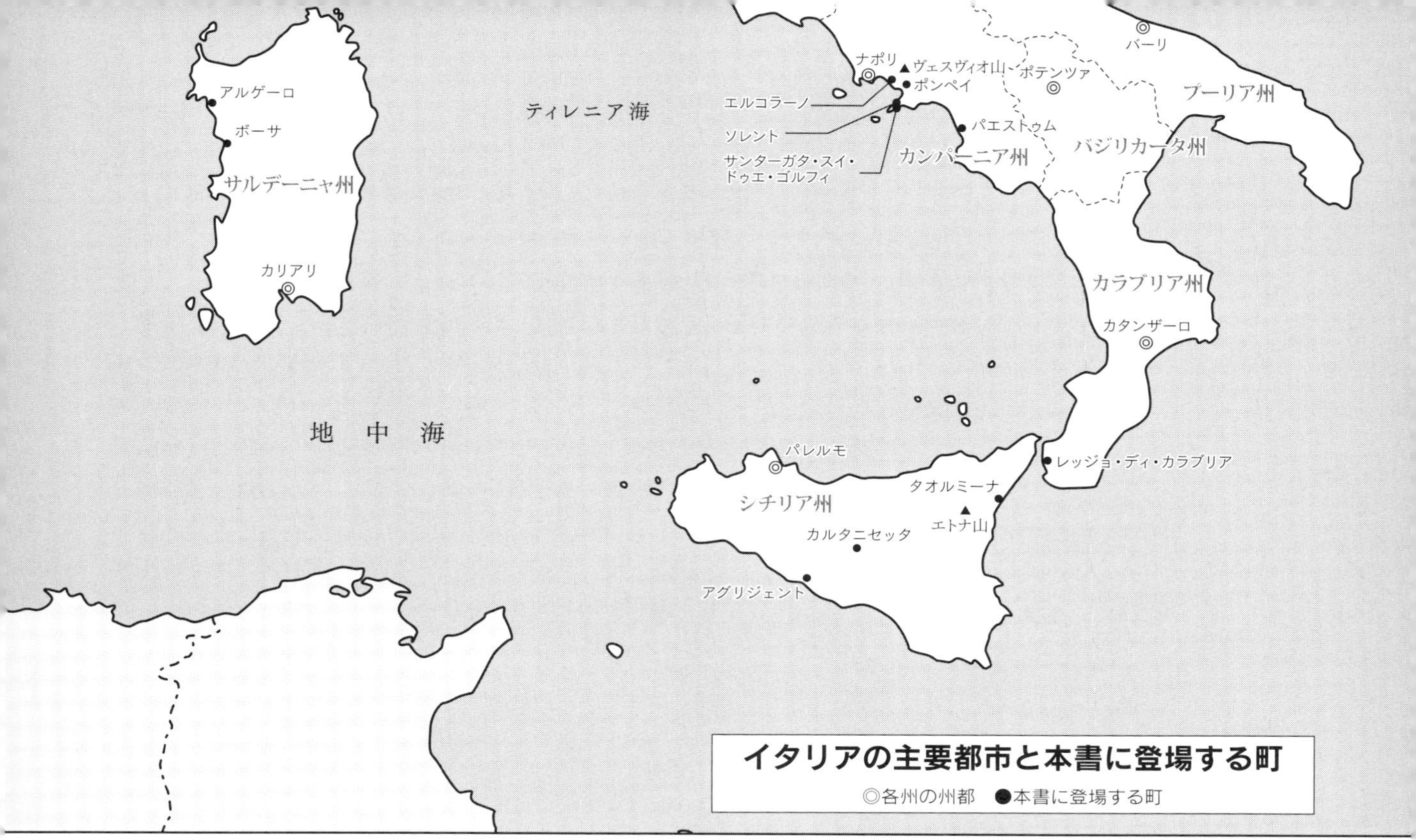

イタリアの主要都市と本書に登場する町

◎各州の州都　●本書に登場する町

はじめに

イタリアを旅して誰もが感じることは、その景観の美しさだろう。都市部や田園風景のどこをとっても絵になる。そして、どんな旅行でもそうだが、美しい景観の成り立ちや食べ物の由来を少しでも知ることができたら、いっそう味わい深く愉快なものになる。イタリアの旅の入り口に立つと、この国は、簡単に魅力の種明かしをしてくれそうな雰囲気を漂わせる。だが実際は手ごわい国だ。「料理の素材を生かすということ以外、すべてが日本とは反対の国だ」と評したのはたしか塩野七生氏だったと思うが、生活に対する考え方一つをとっても、日本とかなり違っている。

観光地で出会うイタリア人からは、陽気で人懐っこい印象を受けるかもしれない。しかし、その表情の奥には、一度は地中海世界を統治したという実績から来る、人への巧みな接し方、そして政治や軍事、宗教に対する強い懐疑としたたかさが隠されている。また、どんなことを決断する際にも、個人の強い意志が感じられる。

豊かな経験と強い意志というＤＮＡは、時として他の追随を許さない偉大な作品をつくり出してきたが、庶民にまで共有されるこの遺伝子は、どのくらいの長きにわたり力を発揮し続けたのだろうか。歴史をひもとけば、政治、科学、宗教とさまざまな分野に実例を見出すことができる。たとえば、地動説を説き教会の圧力にも屈しなかったガリレオの強い意志、芸術の分野にあっては、古典の復興期とも言われるルネッサンス期に、ギリシャやローマ時代の作品からその精神や技法を学び、取り込み、美しい絵画や大理石の彫刻、均整の取れた建築物などを生み出したことなどである。

こうした極めつけの品々を前にし、生活を続けていると、日本人は、マイナス効果も出てくるのではないかと考える。「やみくもに努力しても、目の前にある偉大な作品を乗り越えられないなら、二番煎じになる。やっても無駄だ」との諦観にたどり着くと考える。しかし彼らはそれほど単純ではない。むやみに努力しても無駄と知っているので、他人がまだやったことのない、自分らしい生き方を探しだす方向にベクトルを向ける。そこで新しい作品やキラリと光る製品を作り出す人たちが生まれてくる。先祖から受け継いだ質の高い遺産や自然環境を前にして、ここから謙虚に学び成功しているイタリア人たちだ。おいしさの頂点を極めたパルマの生ハムやチーズをコンスタントに作る職人たちが良い例だろう。この地域に特有の温度や湿度など、自然がもたらす条件を巧みにとり入れ、伝えられてきた技術を保持しながら食材製作に打ち込み、素晴らしい味を作り出している。他方、トスカーナ地方などの農地所有者は、何代にもわたり耕作地と森のバランスを計算しながら改良に改良を重ね、その結果、今日のたぐいまれな美しい景観が生まれた。

そうした異質な国を何年もの間、眺め、時にはこの地で生活もし、人々とも深い関わりを持つ私を含めた3人の日本人が、それぞれの分野で、「イタリアの勘所、たとえば景観や美術作品などの美しさの理由」を明らかにすべく、向こう見ずにも、謎解きを試みた。これに助け舟を出す4人目の執筆者として登場したのが、日本に長く居住し、その考え方や生活をもよく知るイタリア人女性である。彼女に、日本人の感性に近い見方でもって自国を紹介してもらおうと考えた。これが本書の生まれるまでの経緯である。

この本は第1部の美術・歴史の紹介からはじまり、第2部は食に関する章、そして個性的な町を歩く第3・4部という構成になっている。イタリアの町々は、中規模の大きさの所なら、美術作品や風景から、地元産のおいしい食べ物まで豊富にそろっており、これらが絡み合って町全体の雰囲気を作っている。したがって、第1部で美術をメインに紹介していても食べ物のことが顔を出す。はじめに登場するラツィオ州のタルクィニアもそうだ。城壁に囲まれた中世の小ぢんまりした都市の紹介の中にケーキ屋さんも登場する。だから本書は、どの章から読み始めてもよい。そして、どこをとっても、地下から水がじわっとにじみ出るように、イタリアのエッセンスを伝えることができたら本書のもくろみは成功したと言えるだろう。

内田　俊秀

2012年3月

イタリアを旅する24章

目次

第3部　とっておきの町を歩く

第4部　北へ南へ、魅力あふれる町をめぐる

＊各町（コムーネ）の人口は２０１１年1月現在。http://demo.istat.it/pop2011/index.htmlを参考にした。
＊撮影者の明記のない写真はその章の筆者が撮影したもの。

第1部 美術・歴史を旅する

01 古代エトルリアの影
タルクィニア

イタリアの旅は、タルクィニアという小さな町の紹介から始めよう。中部イタリアではよく見かける小高い丘の上の町だ。海が近く、小さなホテルの窓から眺めると、春の光にキラキラと海面が揺れ、その昔、海辺近くに見張り台を建て、好物のマグロを追いかけたエトルリア人に思いを馳せることもできる。もっとも、これは二千数百年も前の話になるが……。今も昔も、不思議な魅力を持って人々を引きつけるエトルリア人。この町は、彼らと深いつながりを持っている。

地下に埋もれたお墓の壁に、彼らの日常生活の様子が描かれている。魚を捕ったり、曲芸に興じるシーンなどは、どこか人間くささを感じさせ、フレスコ画独特のかすれた

★タルクィニア（Tarquinia）　ラツィオ州ヴィテルボ県。人口約1万6000人。紀元前12-13世紀にエトルリア人が建てた都市が起源。丘の上にある現在の町は中世に建てられた。主要モニュメントは国立タルクィニア博物館のあるヴィッテレスキ館。

ような色調と相まって、身近な世界のように古代が迫ってくる。石組みの半円形アーチを造る土木技術や、土地争いを解決する法律もすでに整備していたから、実学の上でも優れた知識を持っていたことは確かだ。

01 タルクィニア遠景。中部イタリアでよく見かける丘の上の町である。中世に建てられた高い塔もいくつか見える。

ローマ人はそれらを、彼らから直接学んだといわれ、古代ローマ帝国がイタリアを統一するにあたっては、エトルリア人の知恵が大いに力を発揮したはずだ。残念ながら民族としてまとまりがなく、加えて享楽的な生活に流れたとも言われ、エトルリア文明はローマに吸収されてしまう。このあたりも人間くさく、親しみを覚える。しかし文化や芸術の面では、多くの遺産を残してくれた。支配していた中部イタリアにはその痕跡が点々と残っており、タルクィニアはその一つである。

小さな国立博物館と、町はずれの畑地に広がる地下式の墓地群、そこから少し内陸に入った丘に展開する石積みの古代都市。不思議な民族の夢の跡が、緩やかな起伏を繰り返し、はるか向こうまで1枚のじゅうたんのように続く広大な農地に囲まれ、何事もなかったかのようにひっそりとたたずんでいる。

春から夏にかけては、外国人グループの観光客もやって来るが、博物館前の駐車場はバス10台停められるかどうかという広さで、決して大きなものではない。ドイツやフランスから来たバスもあり、年配の夫婦がぞろぞろと降りてくる光景に出くわす。彼らはそのまま博物館に吸い込まれていく。

鉄道なら、ローマから1時間ほどでタルクィニアの駅に着く。駅前には博物館行きのオレンジ色のバスが待っており、15分で終点の博物館前広場に到着する。ただ、このバスがくせ者で、列車の到着が遅れると辛抱できずに発車してしまい、次が来るまで1時間も待たねばならない。早口でしゃべる主人が一人でやっている狭い喫茶店（バール）が、駅舎の隅にあるにはあるが、それ以外は何もない田舎駅に立ち、これから訪れる丘を松林越しにぼーっと眺めながら時間を過ごすのもよい。夏には海に照りつける強い陽光が反射し、光がそこまで届くのでもあるまいが、丘の上に「はちまき」を締めたようにめぐる城壁は、薄茶色の凝灰岩にもかかわらず、抜けるような青い空を背に、大理石に似た白色に輝く。

町の人口は2万人にも満たない。それでも、背後の広大な農地で生産される小麦やト

02 タルクィニア近郊にあるエトルリア人の墳墓。通路は墓室の入り口へと続いている。

マト、トウモロコシなどが豊かな生活を保証するのだろう。丘の上の古い町は城壁に囲まれた狭い空間で、車もすれ違えないほどの石畳の道がくねくねと曲がりながら続き、そして住人はこれ以上観光客が増えないことを祈りながら、ゆっくりとした生活を楽しんでいる。だから彼らは観光バス用の駐車場も狭いままにし、郊外にホテルも増設しない。

私は仕事でここに10年通い続けていたが、中世の町のたたずまいは、人の身の丈にあったサイズで作られているのだろうか、不思議に居心地が良い。角を曲がれば、窓から『ロミオとジュリエット』のジュリエットが顔を出してきそうな建物に出くわす。そのあたりにはおいしいお菓子屋さんがあり、誕生日のお祝いに作ってもらう特大のケーキは、薄いパイ生地にたっぷりとカスタードクリームや生クリームをのせたものだ。きつね色に焼き上がったパイの丸い縁は、サクサクと羽根のように生地が重なり合い、人差し指を押しつけるとパリッと崩れるような薄さだ。

城壁は博物館の隣で途切れ、町への入り口が開いている。ローマからバスでやって来る人は、終点となる近くの広場で下車し、徒歩でこの西側の門から入る。博物館を左に見ながら、道は緩やかな登り坂となって続き、両側には銀行や服屋さん、花屋さんに食料品店などが続く。時計台のある役場の建物を左に見て10分も歩けば、町の東のはずれに出てしまう。そこは展望台になっていて、岩を割ったように切り立った崖が、足下からまっすぐ落ちている。眼下に広大な農地を一望することができる。いくつかの丘を越

えた向こうには、隣のトゥスカーニアの町があるはずだ。

町の中央には映画館が2軒もあり、少し不釣り合いな感じもするが、けっこう良い映画が早くかかる。日本の大きな都市のロードショーと同じくらいの早さだ。外見は他の建物と変わらない石造りだが、内部は2階建てで小さな売店もあり、ポテトチップスや飲み物を並べている。

建物の美しさや内容からしたら、国立博物館が町で一番だろう。4階建ての館内には、横たわった人がすっぽり入る石の棺、女性の胸を飾った丸い玉の琥珀製装飾品、壺や青銅の鏡など、発掘された考古遺物であふれている。そしてこれらは、みな一級の美術品ばかりと言えるくらい質が高い。

展示品のほとんどは墓に備えられ、死者の傍らに置かれていたものだが、埋葬される前は日常的に使われていたものも多かっただろう。たとえば、大小さまざまな壺は、普段の生活に欠かせないもので、水を入れたり、葡萄酒を水で割ったり、香油を入れたりと、貯蔵やもてなしの道具に用いられていた。故人がこよなく愛した品も、そっと遺体の傍らに添えられていたのだろう。エトルリア人は、現世の生活が死後の世界でも続く

03 国立タルクィニア博物館の1階。中庭と回廊が優雅で引き締まった空間をつくっている。
04 エトルリア人の墓室に描かれた壁画。国立タルクィニア博物館に展示されている。

と考えて、地下の墓室を作っている。だからそこの雰囲気は、現世と同様に、かなり陽気でもある。

私は、壺や皿のうちでも黒い釉薬《うわぐすり》をかけた陶器が好きだ。とくに壺がよい。高さ30センチくらいの、葡萄酒などを入れる容器で、薄い褐色の地肌を塗り残して絵柄としている。女神や戦士など、ギリシャ神話のモチーフが黒い背景に浮き出ている。陶器は、単に食べ物を盛りつけたりするのに使われた器に違いないが、展示されている品は美術品へと変化していて、描かれた絵の美しさで価値を大いに高めている。点数はおそらく数百になるだろう。それらは四方がガラスのケースに収められ、広い窓から入る自然光がケースにバウンドして高い天井と白い壁を照らしている。2000年前も同じような、こんな色つやで人の目に映っていたのかと、エナメル質をした壺の表面を見つめる。できれば指でそっと触れ、表面を滑らせてみたいという欲求がわき上がる。葡萄酒を入れた壺であろうか、首から胴にかけて引き締まった曲線を見せる輪郭をもち、動きにつれ微妙な乱れを見せる薄ものに身体をつつむ女神の絵は、身長は10センチにも満たない。細い黒線で描き出された横顔は、宗教を仏

04

教に置き換えれば、浄土に住む住人につながる。

実は以前、一度この類の女神をつぶさに目にしたことがある。顕微鏡を使って、描き出している線を拡大し、なぞるように観察した。不思議なことに、この黒い幅1ミリにも満たない細い細い線は、陶器の表面に平らにへばりついているのでなく、ふっくらと盛り上がっているのだ。女神の表情のように。どうしたら、水玉のようにこんな自然な膨らみが作れたのだろうか。材料や焼成温度は、あらかた解明されているが、描く道具や技術に謎が残る。そして目を少し遠ざけて見れば、日本画が筆に墨を含ませ一気に線を書き上げるように、古代ギリシャの陶器も、この位置しか他に選びようがない場所に、よどみなく一気呵成《かせい》に線を滑らせ女神の身体を描き出している。

壺は3階と4階に集められている。この部屋を出て、廊下を突き当たると段の低い緩やかな階段となる。足元に気をつけながら1階まで降りると、石の大きな棺を並べた部屋の横に出る。棺はみな、近くで切り出された凝灰岩をくり抜いてできており、大きくて重いからか、展示方法はこれしかなく、ゴロッと床に置いたままである。人が1人足を伸ばしたまま横になって入る大きさで、蓋も付いている。蓋の上には、この中に収められた人に似せて顔を彫っているのだろうか、ほぼ等身大ほどある人物像が衣装をまとい、横向きに寝そべり上半身だけ起こした形で載っている。首の付け根などのくぼんだ部分には赤い色が残り、かつては数色で彩色されていたのだろう。横たわる人は、正面に向かい何か言いたげな様子だが、残念なことに石の表面が荒れ、口元に言葉をくみ取るすべもない。

石棺の遺体を入れる部分を身と呼ぶが、その側面にも浮き彫りが施されている。数人が馬車や冥界の使者とともに描かれており、その物語は理解しやすい内容だ。死者が馬車に乗せられ、あの世に旅立つべく、この世との別れを告げる瞬間を彫り出している。見送る人は皆うつむき加減で、そこはかとない悲しみが伝わってくる。数人しか登場しないが、背後には大勢の人々が無言の行列で続いたのだろう。たぶん女性は頭から黒い布をかぶり、布の端は肩の上から胸の上までかかっていた。身を覆っていたのは、裾までの柔らかな長い布であったろう。参列者の何人かは、腕にまつわる布を払いながら、そっと涙を拭っていたかもしれない。死者はやがて町を離れ、谷の向こうに用意された地下の墓地へと運ばれ、永遠の眠りにつく。

夏の昼下がり、私はこの博物館の分室で、発掘した錆だらけの小さな銅貨を、メスで削っていた。浮き彫りでしるしてある2000年ほど前の文字を探し出すためだ。細かな仕事なので、顕微鏡を使っていても目が疲れる。風取り用に開け放たれた小窓を通して伝わってくる外のざわめきが、ピタッとやんでいるのが、先ほどから気になっていた。しょぼついた目を上げ、丸めていた背筋を伸ばすと、窓の向こうの通りを黒っぽい服を着た大勢の人々が、列を作るでもなくぞろぞろと城門に向かっ

05 エトルリア時代の石棺。蓋の上には等身大の人物像が載せられている。

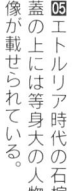

て進んでいた。

老若男女、およそ80人、視界の右隅には木の棺を肩に乗せた一団が先頭をゆっくりと歩んでいる。葬列だ。門の外に霊柩車が1台待機しているのが見える。金色に光る小さな十字架が黒塗りの屋根に立つ。車の近くで、葬列は崩れ、棺を取り囲むように人垣ができると、どこからともなく神父が近寄ってきた。やがて最後の別れを告げる言葉が始まったのだろう、頭を垂れ、皆じっとその場所を動かない。そして霊柩車の後部扉が開かれ、棺が収められると、黒塗りの車は音もなく出発し、坂を下っていった。

モノクロのポーランド映画にこんなシーンがあったようだと、ぼんやりと記憶をたぐり寄せていた。いや、そんなに最近ではない、もっとずっと前から同じような葬列があったように思えた。仕事をしているこの場所は中世に造られた町で、目の前を通り過ぎた光景は、たぶん中世まで遡っても同じような形だったろう。もっと前、2000年前のタルクィニアも城壁を持つ古代の都市であったし、博物館の石棺に描かれた葬礼の一場面が執り行われていたなら、似たような情景が出現していたはずだ。私の手元で、いくつかの文字が姿を現し始めた古い銅貨から、これを埋めた人の姿が、葬列に加わった1人のように、ぼんやりと立ち上がってきた。

（内田俊秀）

02

受け継がれる古代の美意識
ローマ

夏のローマは暑い。北欧からの観光客は、男も女も短いズボンにサンダル履きで、水のペットボトルを手から離さない。街を歩き回る彼らにはサングラスも必需品だ。寒い国の人にとっては悪くない季節なのだろうが、しかしわれわれ日本人にとってはお世辞にも過ごしやすいとは言えない。

ギラギラ照りつける強い日差しにうんざりし、うらめしそうに見上げれば、バロック調に装飾された教会が、柱や屋根飾りの過剰な曲線を組み合わせながら空へと伸びる。壁の中ほどにはめ込まれた聖人の像が、２００年も前からだろうか、道行く人を見下ろしている。この迷路の出口はどこかと踵《きびす》を返すと、歩道ぎりぎりまで押し寄せた建造物

★ローマ（Roma）　ラツィオ州州都。イタリア共和国の首都。人口約276万人。紀元前８世紀頃、テヴェレ川左岸に人々が定住し始め、パラティーノの丘をはじめ７つの丘がローマ帝国の首都の中心となる。古代ローマの遺跡からルネッサンス美術、バロック建築まで、見どころは数多い。

が高い壁のように連なり、緩やかに曲がりながら続く道路の先は視界から消える。歩道には黒い割石が敷き詰められ、照り返す白色の光に色は消えモノクロームの世界となる。

石の建物と石の道、ローマ時代から変わらない光景というのは正確な表現ではないが、コロッセオや古代の市場の施設を見るとそんな錯覚にとらわれる。２０００年も前に人の力でつくられた造形物にぐるりと囲まれているのは、白日夢のようで奇妙に思えてならない。なんでこんなに残っているのだろ

01 ローマの7つの丘の一つ、カンピドリオの丘から眺めたフォロ・ロマーノ。

02 現代のローマの街並み。ローマの中心部を貫くコルソ通りと交差する通り。

う。もちろん「石でできているから」などという簡単な理由では片づかない。そこに住む人々の、宗教や歴史観、美意識が支えた結果であろう。

第2次世界大戦前、ムッソリーニはローマの都市改造を考えついた。目的の一つは、かつて地中海を支配したあのローマ帝国の偉大さを、もう一度わが手で出現させることだ。このときローマの鉄道の玄関でもあるテルミニ駅近くも工事の対象になった。工事は西に延び、古代の政治の中心地であるフォロ・ロマーノまで続いた。古い街並みが壊され掘り返され、地中から多数のギリシャ陶器が発掘された。前コリント式と呼ばれるものも含まれていた。紀元前6～7世紀のコップや壺である。はるばるギリシャの地から、地中海を渡ってローマまで運ばれたのだろう。

もう40年も前になるが、ローマの中央修復研究所に通っていた頃、私と同じ研究所に通うイタリア人学生が、午後のアルバイトで、これを修復していた。同じ建物で別の修復のアルバイトをしていた私は、彼女が黄土色の下地に細い褐色の横線がいく筋か胴部に走る小さな破片を、メンディングテープで仮に接着して手のひらにのせ、形を整える作業を根気よく続けていたのを覚えている。

丘の上に立つあの建物は、仕事をするには夏でもかなり涼しかった。ときどき休憩をとりにベランダへ出ると、テヴェレ川の向こうにひときわ大きなヴァチカンのサン・ピエトロ大聖堂の丸屋根が、ローマの主のように立っていたのをよく覚えている。くすんだオレンジ色の瓦屋根が、このヴァチカンを飲み込むように視界いっぱいに広がっていたが、当時はそれほど感動しなかった。今なら日本の街並みと比較し、美しさに胸をうたれる。日常われわれが生活している日本の都市から感じられる東南アジア的な猥雑さと、ついつい比較してしまう。街全体という大きな空間ですら統一された美的感覚に貫かれており、残念ながら勝負にならない。ちなみに現在この場所は、最近の文化財観光資源活用促進とでも言うべき国の政策で整備され、カピトリーノ美術館のレストランとして、一般にも公開されている。

ローマの象徴といえば狼である。この狼の像は、カピトリーノ美術館のすぐ近くにある市役所のロビーで見ることができるが、ギロッと目をむいた顔は漫画チックで、ずんぐりした体つきの愛敬ある作品だ。黒光りしているが、約2000年前のブロンズ製の鋳物だ。本当の主人公は、この狼の腹の下に潜り込み乳を飲んでいる2人の幼児のほうで、彼らの1人がローマの創設者であるという伝説は広く知られている。

ローマ時代も今も変わらないだろうが、ローマ市では生まれた子どもは市役所に登録して市民権を得なければならない。われわれのような外国人の場合、子どもの生まれた病院が発行する証明書と両親のパスポートを持って登記所へ行くわけだ。登記所がある場所は、カピトリーノ美術館から南へ50メートルくらい下ったところだ。

私的な話で申し訳ないが、私が息子の登記のためにここを訪ねたとき、役所の事務員が親切で、同じイタリア人の役人でも外国人居住届を受け付ける警察関係の窓口に比べれば、月とすっぽんほどの違いがあったと記憶している。この親切な人は「あなたの息

03 カピトリーノ美術館で展示されていた、ローマの象徴である狼の像。

子さんは、イタリア市民権と日本のそれのどちらかを選ぶ権利を20歳までは保留できます」と詳しく説明してくれた。どんな国籍を持った父母からであろうと、ローマで出生した子どもはこの役所に登録され、めでたく人間としての第一歩を踏み出すこととなる。大理石に刻まれた古代ローマ人の登記簿が、すぐ近くのカピトリーノ美術館の地下に展示されている。今も昔もお役所の文章は素っ気ない。ラテン語で書かれた記録は「誰々の子、何某……」と書き連ねてあり、日本の戸籍謄本に似た体裁と思えばよい。

ローマ観光を終えた日本の友人が、帰り際によく「もう古いものを見るのはうんざりだ」「圧迫感が強い」と感想を漏らす。スペイン広場近くのブランド店が並ぶ通りは楽しそうだが、街全体は古く重い印象が残るようだ。でも、これは仕方がない。市の行政も古いものを積極的に保存しようとしていて、街の統一感を崩さないよう、商店の看板の大きさや色にいたるまで、強い規制をかけている。そこには現代のローマ人も、積極的に古いものを残そうとする行政の打ち出す方策に理解を示し、多少の利便性は犠牲になっても仕方がないと考えている。人々も協力して古いものを残そうと努力しているわけだ。

だが、過去からずっと順調に、歴史的建造物が保存されてきたわけではない。古代のものは中世に、中世のものは近世にというふうに壊され、スクラップ・アンド・ビルドが繰り返されてきた。これは大都市の宿命とでも言える。あの円形闘技場コロッセオも危うく壊されかけたときがあった。そこが教皇の所有となったとき、新しい建物を造る

04

にあたって、石材の供給源として、いわば石切り場になった時期があったのだ。
　このときの記録には、「何某に、いくらで、どのくらいの量を採取することを許可する」という調子で、売り渡しの様子が書かれている。建物全体にゆるみが生じ、自然に落下した部分もあったろうが、コロッセオには失われた石灰岩のブロックの代わりに、煉瓦を積んで補修した跡が今でも残っている。ちなみに、売られたりせずに無事に元の位置を保っている石でも、表面にはいくつかの浅い穴が窪みのように開いている。これは、ずれないように隣の石と鉄のカスガイで留めてあった跡である。カスガイはどこに消えたかと言えば、後世に古鉄として溶かされ再利用された。
　ローマ市内を歩くと、ときどき楕円形をした大きな広場に出くわす。ナヴォーナ広場もその一つだ。大きな図体をした海神（ネプチューン）の石像が一団を作り、広場の両端と中央に陣取って、腕や胴体をくねらせながら、勢いよく水を噴き上げている。ストッ

プモーションのように瞬間をねらって造形しているので、魚も海神たちも動きの一瞬をとらえた像となっており、これがバロック的彫刻空間を生み出す。

このあたりはサッと通り過ぎ、テヴェレ川をめざして少し北西の方向に歩き、路地に入ってみる。小さな間口の工房が道に沿って何軒も続き、昼間なら、修理中の古い椅子や小机が石畳の歩道の隅に並び、次の作業を待っている。親の代から使われてきたのだろう、背もたれのない小さな丸椅子はきれいに布を張り替えられ、くすんだ茶色の細く華奢《きゃしゃ》な脚は、ニスを塗ったばかりなのだろうか、鈍く光っている。ゆっくりと歩きながら入り口の奥をのぞくと、2～3

04 ローマの町なかで見られる石畳の補修の様子。

05 ナヴォーナ広場。17世紀の彫刻家ジャン・ロレンツォ・ベルニーニ設計の噴水があり、手前に見えるのはその一つ「ムーア人の噴水」。広場に面してサンタニェーゼ・イン・アゴーネ教会（フランチェスコ・ボッロミーニ設計）が建っている。

06 ローマ市内の絵画修復工房で、油絵を補修する様子。

人の職人が鏡の大きな縁に金箔を押したり、女性の職人が50年くらい前の油絵を補彩したりと仕事に忙しい。石油のような溶剤のにおい、規則正しく金属の板をたたく音、職人たちの甲高い話し声が路地に響く。

こんなふうに修理して使いながら伝えられた１００年や２００年前の家具や絵画作品に、何気なくお目にかかれる散歩もまた一興だろう。それにしても、見かけた椅子の一つは、名前はわからないがイタリアで見かける濃い褐色をした良い木を使っていた。選び抜かれた材料に優れた加工技術が相まって、優れた作品が残ってゆく。ローマの職人健在なりと安心する。

（内田俊秀）

コラム
01

ローマ下町のB級グルメ

庶民的な食べ物を味わいたいなら、私はトラステヴェレ地区に行くことをお勧めしたい。ナヴォーナ広場から南西に向かい、テヴェレ川を渡ったところにあり、ローマの下町の一つに数えられる地区だ。魚料理も有名だが、私は牛の内臓を使ったパスタを推したい。この手の料理はご遠慮させていただきたいという向きには気の毒かもしれないが、かなりうまい。

私がよく行くお店は町の食堂と呼ぶべきもので、近くの工房の親父さんが昼飯を食いにちょっと立ち寄りそうな店構えである。20人も入ればいっぱいの広さで、テーブルには布ではなく紙がかけてあり、ナプキンは同じく少しゴワついた紙で、上にフォークが置いてある。注文聞きは、奥の調理場からエプロンで手を拭きながら出てくる太ったおかみさんか、そうでなければこれまた太めの小柄な娘さんだ。

「ワインは?」と聞かれて「白」と答えれば、ほどなくして2分の1リットルのデカンタがポンとテーブルに置かれる。「何にします?」私は「ブカトーニ」と注文する。しばらくするとこの店自慢の、太めで中に穴の空いたパスタが出てくる。

ソースは「蜂の巣」と関西では呼ばれる牛の胃袋の内壁を、トマトで煮込んだかなりヘビーな味のものだ。噛めば内臓の臭みがじんわりと口の中に広がる。私はこれが好きで、昼飯はここと決めている。パスタの上には、山盛りにおろしたての羊のチーズをまぶす。羊の乳の強いにおいと「蜂の巣」のほのかなアンモニア系の臭みがかもし出すハーモニーは、パスタの腰の強さも加わって、隠れた逸品と、私は高い評価を与えているが、いかがだろうか? いずれにしてもローマ庶民の活力を生み出す一品である。しかし狂牛病騒ぎ以来、このようなかなりディープな料理が少なくなったことは残念だ。

　魚料理は、一般のレストランでは、イカ、エビ、スズキ、タイなどがよく使われる。しかし、われわれ日本人になじみの大衆魚はどうしたら手に入るのだろうか。残念ながら、レストランでお目にかかることは大変難しい。ローマの近郊には小さな漁港がいくつかあるので、そこまで出かけ、漁船から直接トロ箱で買うほかはない。高く売れる魚は漁船が港に着くと同時に、契約した魚屋が小型の冷凍車を横付けして持って行ってしまう。アジやタチウオ、それに雑多な小魚など、安い魚の争奪戦はその後で始まる。

　船の縁に、真っ黒に日焼けした漁師が、手際よく魚の詰まったトロ箱を並べる。40センチもあるようなアジが20尾も入ったもの、長さ1メートル、身幅12センチくらいあるタチウオが5～6尾詰まった箱が、1000円から1500円である。さすがわれらの低級魚、安い。

トラステヴェレのピッツェリアで。

　これをタタキや塩焼きにして食べると、そこは地中海の魚である、身が締まっておらず軟らかいのは仕方がない。贅沢は言えない。

　争奪戦が開始されると、大声で漁師のおじさんに「これ、これをくれ」と指差しながら叫ぶ。早いもの勝ちだ。ときどき船が波に引かれ岸壁から離れようとするので、船の縁にかけた足を素早く引っ込められるよう体のバランスを保っておかないと、海に転落する。かなり力のこもった勝負でもある。

　買うことができた魚は、そのままビニール袋にドカッと入れ替えて持ち帰り、知人の家のベランダででも料理するとよいだろう。数日間ローマに滞在する旅なら、日本からよく切れる出刃や柳刃の包丁を、厭わず持って行くことをお勧めしたい。

（内田俊秀）

03

ポンペイ遺跡と近代の美術
ナポリ

ナポリから南イタリアが始まるというのは、イタリア人も含めて、一般的な見方だと思う。ローマに比べると空気は重く、街全体にカオスのにおいが漂う。連なる建物の石の壁は汚れ具合もいくぶんひどく、巨大な椰子の木々の脇を走り抜けるオートバイ、移動する車の群れ、けたたましいクラクションの連鎖は、無秩序に膨張と収縮を繰り返しながらうごめいてゆく都市そのものであり、ナポリという街の印象を決定づける。照りつける太陽の下で、街は北の都市から来た闖入者をいとも簡単に飲み込む。かつてこの都市は、芸術の都フィレンツェと肩を並べ、哲学と思想の都と呼ばれていたが、いまではその面影を探し出せといわれても、一介の旅人には手に余る仕事だ。

★ナポリ（Napoli）　カンパーニャ州州都。ナポリ湾を望む人口約96万人の町。古代ギリシャ人が入植して都市を形成。中世以降、シチリア王国、ついでナポリ王国の首都となった。カステル・ヌオーヴォなどの城が王国の歴史を物語る一方、旧市街スパッカ・ナポリでは庶民の生活をかいま見ることができる。

01 ポンペイ遺跡の石畳の道。右側はまだ未発掘の地域。

ナポリは、イタリアの長い歴史の硬い堆積層を貫いて、深部から浸み出して地表に顔を出した地下水のような街だ。はるか昔の頃と少しも変わっていない、生活の中心部のあれこれ、家具や家の間取り。ナポリの下町は、およそ2000年前に火山灰に埋まったポンペイの街と似たものを感じさせる。ポンペイ遺跡の壁画に描かれた男にズボンをはかせれば、そのまま、昨日ナポリの街角で見かけた中年の男に入れ替わる、そんな錯覚を起こさせる。ナポリの旅はしたがって、原型となるであろうポンペイ遺跡から始めるのが正しいと、私はいつも思う。

ナポリ中央駅の地下からヴェスヴィオ火山とソンマ火山を1周する鉄道が出ており、個人旅行でポンペイ遺跡を訪れる人は、これをよく使う。20分くらいの間隔で動いており、時間待ちのイライラもない。それより、ゆっくり進む電車に乗ってしまえば、窓の外を流れてゆく火山の麓に展開する雄大なパノラマや、よく晴れた日にはヴェスヴィオの山頂も望むことができる。電車は、集落にさしかかると小さな家々の脇をかすめるように走る。

干してある真っ白なシーツがはためき、開け放たれた民家の窓から、居間に置かれた大きくて頑丈な木製テーブルが見えたりして、手を伸ばせば生活そのものに触れることのできそうな近さだ。のんびりした電車の旅は開放的な南国のたたずまいを満喫できる。そして、40分もすればめざす遺跡の駅に着く。

ポンペイ遺跡は、廃墟であり死に絶えた町だ。ヴェスヴィオ火山の噴火で閉じ込められた長い長い時間が、セメントのように固まった火山灰に覆われている。4メートルともそれ以上ともいわれる硬い砂の堆積層をつるはしで打ち砕き、少しずつスコップで除け、家を掘り出していった作業は、1700年代から始まったと記録に残されている。最初は宝探しの仕事であったに違いない。壁に描かれた極彩色のフレスコ画、床に敷き詰められた赤や白のモザイク画、そして部屋の片隅に寄せ集められた青銅製の什器《じゅうき》、これらの宝物を掘り出すのが目当てだったのだろう。

現代では盗掘は違法だが、当時は堂々と行われていた。というより法律そのものが制定されていなかったのだが、当時のナポリ王国はそれが及ぼす悪影響に気づいており、1750年頃には文化財を保護する先駆的な法律を制定している。

余談になるが、遺跡を勝手に発掘して宝物を持ち去るという職業（？）は、イタリア各地に今でも生き残っており、盗掘人を「トンバローロ」と呼んでいる。盗み出された品物は国内の裕福な愛好家に売られたり、いったんスイスやイギリスに持ち出され、そこから世界各国の収集家の手に渡り、闇に消えていくという。もちろん非合法な取引だ

が、需給関係が存在しているイタリアならではの職業であり、われわれの理解を超えたところで成立している。

　発掘された美術品を大事なものとして、お金をかけて集めたり、人に見せて自慢する傾向がはやり出してきたのは、そんなに昔のことではない。これも時を同じくして18世紀からで、たかだか300年も経っていない習慣である。ヨーロッパでそんな嗜好が強まり、人々の胸の中には古代に対するあこがれも育ち始め、ゲーテまでが馬車を走らせアルプスを越え、ローマへと急ぐようになる。古代ギリシャとローマはヨーロッパ文明の母であるから、この時代の作品は美術品としての価値も高い。さらに、希少性においても比類ないとなれば、経済的に余裕のある人々が競って収集に走ることとなる。ポンペイが今の時代に生き残る理由の核心的部分でもあろう。

　ポンペイの古代の街を囲む城壁を出て、10分くらい歩いたところに、「秘儀の館」がある。そこに描かれた「ディオニュソスの秘儀」の壁画が見たくて、油絵を描く同僚と訪ねた。建物はいくつもの部屋を持つ平屋の造りで、めざす壁画は一番奥まった所に

02ポンペイ「秘儀の館」の内部。
03壁画「ディオニュソスの秘儀」の一部。

03

あった。壁一面に儀式の場面が続く。絵の中ほどに、年若い女性が放心した様子で、もう一人の女性の膝にうずくまっている。肩から布を1枚かけただけの白い体が、背景の真紅の色に浮き上がる。私は女性が受けた儀式に思いを巡らせていたが、この同僚の画家は目もくれず、背景の真紅が素晴らしいと、しきりに頷いていた。このポンペイ・レッドと呼ばれる色は、油絵ではなかなか出せないものらしい。帰路、友人はため息混じりに何度もそう語っていた。

一方、2000年もの昔ではなくて、もう少し現代に近づいた時期の作品群について紹介しよう。このコレクションは、ナポリの街を見下ろす丘に建つ大きな美術館に収められている。かつて宮殿にも使用されたこの建物は、カポディモンテ美術館といまは呼ばれている。外観は暗い桃色主体の色調で、どちらかといえば安っぽく感じる色の取り合わせで、前にたたずむとちょっと期待を裏切られる。

だが、ひとたび中に入れば、一堂に会した

おびただしい作品群が、圧倒的な迫力で押し寄せてくる。とりわけ3階の絵画コレクションはその量と質において、中途半端な規模ではない。建物の外観から受けた印象を覆すに十分豊かなコレクションだ。数はざっと1000点を超えるだろうか、そこまではいかないとしても、ともかく多い。そのうえ、優れた作品も多数含まれていて、見る者を強く惹きつけて離さないので、見終わる頃にはその反動で、疲れがドッと襲ってくる。

ルネッサンスが始まる前後の作品から始めて、時代の流れに沿って「美しさの移り変わり」を丁寧に紹介しているが、17世紀や18世紀の大型の油絵が収集品の骨格をつくっており、広い宮殿の各部屋に、隙間なしと感じさせるほどびっしりと並んでいる。日本人ならたいてい名前を知っている画家の作品も、注意して見なければコレクションの中に紛れ込んで気づかないほどだ。

17世紀の、ナポリ派と呼ばれる作品群は、北イタリアのヴェネツィア派と同じ頃に制作されたが、見ごたえ十分であり、美術館のメインとなっている。17世紀の初頭、当時を代表する画家カラヴァッジョがこの地を訪れた。経済的にも力強く、文化的にも熟れきった社会に、カラヴァッジョが数種の絵の具をポタポタと落とし、これをきっかけとして一気に花開いた、そんな作品群といえる。

イタリア絵画史のハイライトといえばルネッサンス期である。初期のルネッサンス絵画は、トスカーナ地方、とりわけフィレンツェで見学できる。ウフィツィ美術館をはじめとして、枚挙にいとまがないほどだ。ルネッサンス後期になると、制作の中心はトスカーナからイタリア半島を北上するので、結果としてその時期の作品はヴェネツィアやミラノの美術館に多く所蔵展示されることとなる。外国からの観光客に合わせてイタリアの美術館めぐりのコースを設定すると、短い日程ではどうしてもローマ以北の美術館に足が向きがちである。そのせいか、ナポリのカポディモンテ美術館は、その実力に比べて意外に知られていないのでは、と私は思っている。

大型の油絵が際限がないと思えるほど数多く掲げられている様子に、その迫力から食料品店の奥に吊り下げられた何本もの生ハムの塊を連想してしまうなどと、展示のしかたに不満をもらす人もいる。実際、同じような広さの部屋が次々と現れ、閉鎖された空間には窓も少ない。目にする絵画には既視の錯覚が起こり、旅の疲れを残したまま訪れたりすると、自分が宮殿のどこにいるのかわからなくなる。迷宮に入り込んだとは、こんな状態を言うのだろう。そんな情けない状態にならないよう、体力を温存して果敢に挑戦する値打ちは十分ある。抑制の利いたルネッサンス期から、徐々に禁欲的姿勢をゆるめると、バロック期の作品の過剰とも映る描写が出来上がるという一連の変化は、南の国、カオスの街ナポリで見てこそ、体全体で実感できるというものであろう。

（内田俊秀）

04

海に眠っていたギリシャの戦士
レッジョ・ディ・カラブリア

ヨーロッパの各クラブで活躍したサッカー選手、中村俊輔がはじめてかの地にデビューしたのは、イタリア・セリエA「レッジーナ」に迎えられたときだった。このチームの本拠地は、本章で紹介するレッジョ・ディ・カラブリアにある。背後に広大な農地を控えた小さな都市で、海に面したナスビのおいしい町でもある。「レッジーナ」はそれほど強いチームではない。チームの強さはスポンサーの力を反映しているから、この町はつまり、大きな企業をいくつも抱えたような経済力のある町ではないということだ。

1972年だからもうかなり前になるが、ここから直線で約50キロ東へ行った寒村の

★レッジョ・ディ・カラブリア（Reggio di Calabria）　カラブリア州レッジョ・カラブリア県。メッシーナ海峡に面した人口約19万人の町。前8世紀にギリシャ人が植民都市を建設。たび重なる地震被害をうけ、ギリシャ時代の遺跡は城壁を残すのみ。海岸沿いのマッテオッティ通りからシチリア島が望める。

海底から、2体の青銅像が引き揚げられた。ローマから近くの村にバカンスにやって来た化学者ステファノの家族が、その日の午前中、海に潜ったとき、波打ち際から100メートルくらい沖で、海底に沈む黒い腕のようなものを発見した。透き通った海は8メートルくらいの水深で、素人でも見つけられる深さだ。海底は砂地だが、このあたりには岩も散在している。2体は1メートルと離れずに、枕を並べるように横たわっていた。化学者のステファノとその従兄弟たちは、すぐに標識を海面に浮かべて位置を確保し、いったん家に帰り、午後に再び潜水した。

後に、当地の海流などに詳しい人が推理したところによれば、2体の銅像は普段は約1メートルの砂に埋もれていたのだろうが、潮流の関係からか、上の砂が流されて一部が露出したようだ。偶然と幸運が重なったというほかない。ステファノたちはその銅像の重要性にすぐに気がついたという。これは、考古学遺物を管理する当地の監督官に、直ちに報告がなされたことからわかる。

発見された海辺の寒村から名前をとって、「リアーチェの戦士像」と呼ばれることになるこのブロンズ像2体は、ところどころ砂や砂利がこびりついていたが、鈍い黒色をした重量感あふれる等身大の男の像である。ちなみに重さは、1体約400キログラムであった。後に世界の宝と絶賛されることになるが、すっくと立った古代ギリシャ時代の戦士の像だ。それにしてもこんな海岸近くに、長い間誰

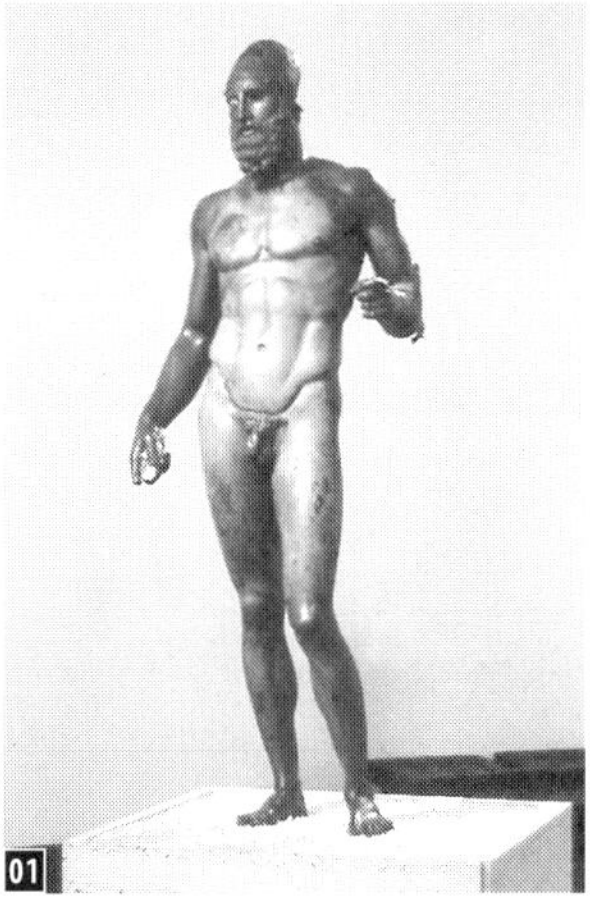
01 海から引き揚げられた2体のギリシャ彫刻「リアーチェの戦士像」のうちの1体。（レッジョ・ディ・カラブリア国立博物館蔵）。

にも知られず、しかも2体も眠っていたとは、驚きでもあるが優雅な話で、美術品産出国イタリアの面目躍如であろう。当時、船に乗せてはるばるギリシャあるいは北アフリカから運ばれたのか、それらを指示したのはローマ人であろうが、彼に感謝せねばならない。しかし、彼の手に入らなかったことは残念であったろう。

数年の修復作業の後、はじめてブロンズ像を目にしたときの印象は、期待した通り素晴らしいものであった。若い彼らの筋肉は、運動選手のようになめらかに起伏し、後ろにまわれば、引き締まった尻の形など、美少年にしか目を向けない御仁でなくともグッと惹きつけられる。均整のとれたたくましい体は、皮膚を指で押せばへこみができそうな柔らかみを感じさせ、肩にかかる長い髪はとりわけ繊細に表現され、ゆるやかにウェーブしている。数歩後退して眺めれば、白い象牙をはめ込んだ眼、薄く開けた赤い唇、眉までかかる前髪と、全体はややけだるい雰囲気をかもし出しており、その社会の文明が爛熟期にさしかかったとき作られる作品はこんなふうになる、という姿をしている。

ギリシャの初期の彫刻に、妖しい笑みを浮かべた女性の大理石像がある。この微笑みは、結ばれた口の両端がキュッと上がる独特のもので、アルカイックスマイルと呼ばれているが、その石像が持つ体の線は観念的で写実的とは言いがたく硬い。初期のこれらの例と比較すると、比べものにならないほど柔らかい体の線が、作品をいっそう際立たせる。もっとも、大理石とブロンズという製作材料の違いから来る、造形しやすさの違いも考慮する必要がある。つまり大理石は、削りすぎたら補うことができないが、ブロンズはいったん粘土で形を作り、これを溶けた金属で写し取るから形は作りやすい。粘土は加えたり削ったりが作者の思うようにできるから、ずっと表現が自由になるのだ。

等身大のブロンズ製全裸像がいくつか発見されているが、このリアーチェの戦士像のように欠損もなく、これほどまでに写実的に、しかも美しく表現された彫刻はほかにない。ローマで公開されたとき、普段めったに行列を作らないローマっ子が、長い長い列を作り、辛抱強くこれを見る機会を待ったことでもその価値の高さが証明される。アテネの国立考古学博物館にある等身大のブロンズ像「ポセイドン」を追い越して、世界一の座を奪った像だ。レッジョ・ディ・カラブリア市にある国立博物館の地階に展示してあるので、ぜひ訪れることをお勧めしたい。

この国立博物館へは、リアーチェの戦士像を見るために2回ほど訪れた。最初はローマから寝台特急で南下した。2回目はシチリア島のカターニャ市まで飛行機で行き、そこから鉄道で北上、途中でメッ

02 レッジョ・ディ・カラブリアの町の高台からメッシーナ海峡を望む。[撮影：Franc rc]

シーナ海峡を20両の客車ごと船に乗り横断、上陸して再び鉄道で最終地をめざした。この旅では、予定にない夜汽車の旅をする羽目になったが、しかしそこで南イタリアの深部とでも表現できそうな光景に出会った。

カターニャ空港には午前10時頃に着いたので、途中いくつか寄り道をしても、夕方8時にはレッジョ・ディ・カラブリア市内のホテルに入れるはずだった。ゆったりと時間をとって旅を進めたので、シチリア島を離れるべく列車に乗り込んだ頃は、もう日も少し傾きかけていた。駅がある海峡の町メッシーナから、海の向こうにはイタリア本土が見える。私が乗り込んだトリノ行き急行列車は夕方ここを出発し、北の工業都市をめざし夜の闇をひたすら走り続ける。ナポリやローマを経由しイタリア半島を縦断、翌朝10時、終点に着く夜行列車だ。

メッシーナ駅を発つと、すぐ船旅になる。われわれの乗った列車は港に着くといったん停車する。その先には、船首の持ち上げられた連絡船が待っている。ぽっかり開いた入り口を覗き込むと、船内にもレールが何列か敷かれている。岸壁でとぎれた線路がこれに連結されると、20両の列車は5両ずつに分けられ、船底に押し込まれてゆく。作業員が吹く短い笛の音を合図に、列車の長い列は切り離され、ギシッ、ギシッと鈍い音を立てて前進、停止を幾度となく繰り返しながら、船の底に左端から詰め込まれていく。ピューという作業終了の笛が吹かれると、乗客は車両から降ろされ、上の甲板めざし薄暗い細い階段を上り始める。そして広いデッキに立てば、狭い船底からの解放感やシチリアへ残してきた家族や友人の記憶も混じるからだろう、島を後にする思いと重なり、潮の香りがいっそう強く感じられるようだ。

船はまもなく出航し、それぞれ、遠ざかるシチリア島に目をやりながら風に吹かれ、短い旅が始まる。旅は30分とわずかな時間だが、それでも島を出る人にとっては、何か区切りのような時間になるのだろう。思いを振り切るように行く手に目を凝らせば、暮れゆく空に町の灯りが2つ3つと浮かび上がり、夜汽車の旅へ誘うようにイタリア半島の山々はやがて薄い闇に包まれていく。

旅は夜汽車がよい、とは誰が言ったのか記憶も定かでないが、それを実感した旅だった。イタリアの長距離列車はコンパートメント形式が多く、1部屋に6人が入る。3人ずつ向かい合わせに座るので、長い時間顔をつきあわせていると、出身地の話をしたり、持参した食べ物を交換したりして、うち解け始める。私にとっては裸のイタリア人に接することができる格好の機会で、この国の今を作っている秘密をちらっと覗けるような感じがした。

どのコンパートメントも満員だった。9月中旬なので、故郷のシチリアで遅い夏期休暇を過ごし、北の職場に戻る人たちやその家族である。老夫婦、子ども連れ、母と20歳代の男、一人旅の若い男、独身の若い女——この人の職場は北部イタリアの中学校である。きれいに口ひげとあごひげを刈り込み、いかにも水商売の水で洗われたという艶のある顔をした中年のアコーディオン弾き、シチリアのどこかわからないが方言をうまく混ぜて人を笑わせる、赤いスカートをはいた7歳くらいの女の子。そんな人々がどこからともなく集まり、中央の1室は通路まで人があふれていた。そして誰かが歌を歌い始めた。

「俺はイタリア人さ……」

歌詞は、北の国に出稼ぎに出かけたイタリア人が、ままならない異国での生活を、哀愁を込めて少し投げやりに切々と語るものだ。たとえイタリア人でなくとも出稼ぎには苦労がつきまとう。歌にかぶさるようにアコーディオンがもの悲しさをかきたてる。誰の口からも歌詞がつぶやくようにもれ始め、そしていつの間にか伴奏に引きずられるように、大人たちは身につまされる歌詞にうつむき加減で、それでも張りのある地声は隠すことができず、歌は一つの流れとなり、うねうねと続いてゆく。これが終わると、今度はおばあさんがアコーディオン弾きにリクエストを出し、テンポの速い、調子の良い曲が始まった。歌は夜汽車の汽笛もかき消してガラス窓を通り抜け、夏の深い闇に吸い込まれ、後ろへ後ろへと飛んでいった。

（内田俊秀）

05

中世の華麗な芸術にふれる シエナ

明日はいよいよシエナへ行こうという日に、蜂に刺された。8月、ウンブリアの田舎家の台所を裸足で歩いていて、床を這っていた蜂をうっかり踏んでしまったのだ。突然の電撃にしりもちをつき、震える手で足の指に刺さっていた針を抜くと、やっと声が出た。足の先がみるみる腫れてくる。私がぼんやりしていたばかりに、踏んづけられた蜂にはかわいそうなことをしたけれど、これでシエナの町を歩けなくなるかもと私もべそをかいた。

イタリアに住み始めて何年かになるのに、シエナにはまだ行ったことがなかった。その夏、オルヴィエトのドゥオーモ（大聖堂）を訪れる機会があって、今度はトスカーナ

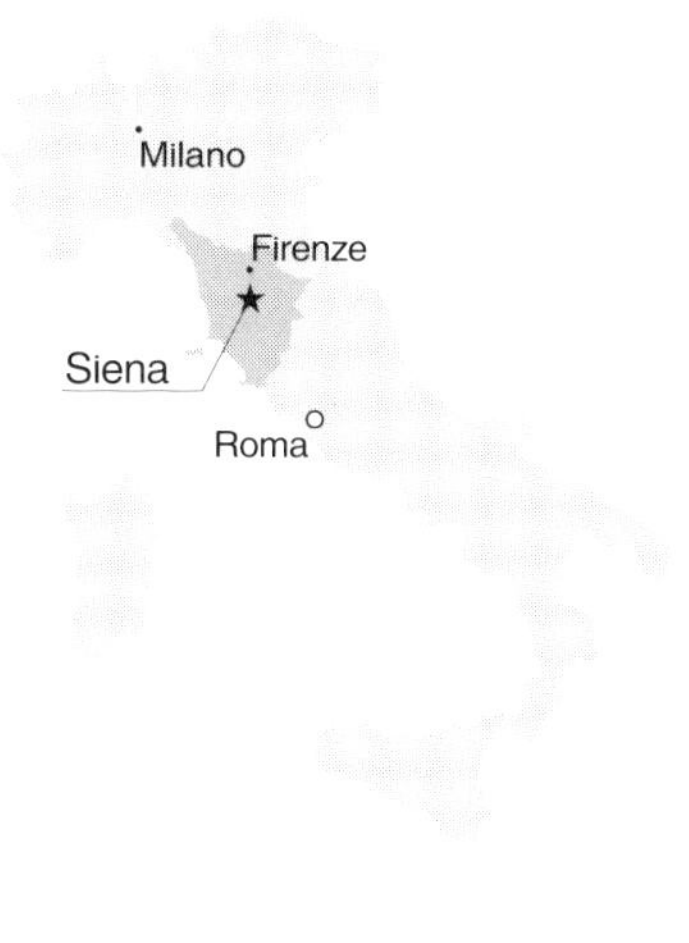

★シエナ（Siena）　トスカーナ州シエナ県。人口約5万人。城壁に囲まれた丘の上に旧市街がある。13-14世紀に繁栄するが、フィレンツェなど近隣の都市との抗争により衰退。世界一美しいと賞されるカンポ広場で毎年7月と8月に行われる祭り、パリオで町じゅうが盛り上がる。

のゴシック建築の傑作、シエナのドゥオーモも見たくなった。それまでの私のシエナについての知識といったら、貝殻の形の美しいカンポ広場と、そこで年2回行われる競馬パリオのイメージ、といったごく貧弱なものだった。シエナのことを口にしたら、夫が「じゃあ、ジャンニに電話しよう」と言って、何年も会っていない旧友と連絡を取った。ジャンニはシエナでレストランを経営していて、夜は彼の家に泊めてくれるという。願ってもいなかった幸運に、シエナ行きの計画は急速に盛り上がったのだった。

翌朝になると、刺された足はまだかなり腫れていたが、痛みはほとんどなかった。ちょうど暑い季節だったので、つま先の開いた緩めのサンダルをはくと、何とか歩けた。1泊きりの小旅行なので、小さなボストンバッグだけを持って車に乗り込み、4本の糸杉に見送られて田舎家を後にする。

エトルリア起源の町、キウジからアウトストラーダ・デル・ソーレ（太陽の高速道路）を北に向けて半時間も走ると、もうシエナ方面への出口だ。国道に下りると、トスカーナ地方特有の、優しくなだらかな曲線で起伏する大小の丘が連なって見えてくる。そこには、8月の照りつける日に焼かれて刈り取られるのを待つひまわり畑もあれば、もう

01 シエナを代表する祭り、パリオの季節の到来を告げる隊列。
［撮影：吉澤あき］

すでにトラクターで深く掘り返され、もこもこと柔らかそうな土肌を見せる斜面もある。その土の色が、シエナに近づくにつれてだんだん灰色に変わってきた。テッラ・ディ・シエナ。ふと浮かんだのは、シエナの土、を意味する顔料の名だ。日本では「ロー・シェンナ」とか「バーント・シェンナ」とか英語風に呼ばれていて、すぐにシエナの名と結びつかない。イタリア語で色の名を覚えて、はじめてその明るく暖かい土色の顔料が、シエナの土地に由来することを知った。中世以来、画家や職人たちの絵具壺を満たしてきただけでなく、優れた陶器を生み出す粘土や、卓越した赤ワインをもたらすブドウをはぐくむ、その豊かなシエナの土地に私は来ていた。

町を取り囲む城壁にところどころ開いた門の一つをくぐったところで、愛犬オルモを連れたジャンニが私たちを待っていた。高くない背に大きなおなか、太い眉と黒く濃いもじゃもじゃひげに覆われた顔。ピノッキオに出てくる怖い人形遣いマンジャフオコを思わず連想した私に、太い眉毛の下の黒い目が人なつっこく微笑んだ。「ちょうどお昼だし、俺の店に来てよ。友達もあと2人来るから」と言って、石畳の道をゆったりと歩き出す。車で町に近づく途中で一瞬かいま見たドゥオーモは、もうちょっとお預けだ。

ジャンニが奥さんのラウラと経営するレストラン「レ・ロッジェ」（www.giannibrunelli.it）はカンポ広場から歩いてものの1分ほどのところにある、とてもシックなお店だ。ジャンニはもともと、洗濯機を製造する工場の工員だった。30代でそこを辞めて、古ぼけた店を買い取って母親とラウラとで小さなトラットリアを始めた。恐そうな容貌とは裏腹の、どこか人を惹きつけてやまない人柄と、持ち前の商才とで店はしだいに繁盛し、ついにはシエナの町の中心部に堂々としたレストランを構えるまでになった。洗練されたトスカーナ料理とおいしいワインもさることながら、ジャンニの人柄と、彼がかもし出す店の雰囲気に惹かれて常連になる客も多いだろう。壁には、ジャンニの交友の広さを物語る著名人のサインや写真がずらりと並んでいる。

　店に向かう途中で合流した2人は、フィレンツェとシエナで画廊を経営する友人と、もう一人はマエストロ（画伯）キア。コンテンポラリーアートに全く無知な私は、画家サンドロ・キアの名を聞いてもさっぱりぴんとこなかったから、トスカーナのある貴族の城館を自分の作品2枚と交換に買った、という話を聞いてはじめて、彼がどういう類の人物かが飲み込めてきた。物件が安かったのではない。彼の作品が市場でそれだけ高く評価されているということだ。隣に座る、ごつい体格のちょっと無愛想なその男性が、ギリシャ神話に出てくる、手に触れるものをすべて黄金に変えるミダス王に見えてきた。

　彼は私を見て、自分はニューヨーク住まいだが、ニューヨークにはうまい寿司屋がたくさんあって、よく行くと言った。寿司なんて、私はもう長いこと食べていない。うらやましい、というか恨めしい気持ちがよほど顔に出ていたのか、すかさずジャンニが「寿司はないけど、てんぷらでも食べる？」と、メニューにはないナスやズッキーニやキノコの揚げ物をつくらせてくれた。ジャンニは優しい。「そのうち、カンポ広場の1等地に葉巻と寿司とモンタルチーノのワインを出す店をつくるよ。もう店舗は買ってあるんだ」と自信たっぷりに笑った。やっぱりこの人はビジネスにとびきり鼻の利く、根っからのシエナ商人だと思った。

食事のあと友人たちに礼を言って別れ、ドゥオーモへと向かった。高さが100メートルもある、エレガントな鐘楼マンジャの塔を見上げつつカンポ広場を横切ると、敷石のところどころにまだ砂が残っていて、2日前に開催されたばかりのパリオを思い起こさせた。それまで考えてもみなかったが、馬が走れるようにこの広い広場一面に砂利を敷き、競技が終わるとすぐまた回収しなければならないのだから、それだけでも大変な仕事だ。

狭い路地を曲がり、急な石段を上りながら顔を上げると、ドゥオーモは突然思わぬ角度でその姿を現す。正面に回って振り仰ぐと、華麗なファサード（正面）は真夏の午後の太陽を真正面に受けて、黄金色にきらめいていた。着工されたの

02ゴシック建築の傑作といわれるシエナのドゥオーモ。ファサードには聖人像などの彫刻が施され、外壁は白と黒の大理石で縞模様を描いている。

は13世紀の前半でオルヴィエトのドゥオーモより早いのだが、その後工事計画が一転二転して、一度完成したアプシス（後陣）を取り壊したり、主身廊部の天井をさらに高くしたりといった変更があった。ジョヴァンニ・ピサーノが13世紀末に制作を始めたファサードが完成したのは、それから約100年後のことだった。オルヴィエトに比べてシエナのファサードが、より豪華でリズミカルである反面、統一感に欠けるのはそのためだ。まばゆい反射光に慣れてきた目で少しずつ細部を眺めると、ファサード下層部を飾る聖人たちの像が、やわらかくも力強い動きの中に浮かび上がってきて、はっとする。それは、フランス・ゴシックの沈思的で寡黙な聖人像ではない。身体をねじってこちらを向き、見る者をまっすぐ問いただすような、エネルギッシュな聖人たちだ。もっとも今日にしているこれらの聖人像は複製で、ジョヴァンニ・ピサーノがものしたオリジナルのほうは、ドゥオーモ向かいにある美術館に保存されているのであるが。元来ドゥオーモにあったが、現在はドゥオーモ付属のこの美術館に保存されているもう一つの傑作は、ドゥッチョの祭壇画「玉座の聖母（マエスタ）」だ。忘れずに見に行こう、と思っていたのにその日はあいにく休館。念願かなって本物を目にすることができたのは、それから4年後の「ドゥッチョ展」でだった。

大聖堂の中に足を踏み入れると、薄暗い巨大な空間の中で、不思議な光が揺らめいている。その揺らめきは、堂内の壁と柱を覆い尽くしている、黒と白の縞模様のコントラストがかもし出していた。ここでは、フランス・ゴシックの大聖堂のように、上昇する建築構造に助けられて、見る者の視線が天上の世界へと高揚していくことはない。視線の上昇は、水平方向に走る縞模様に妨げられ、地上の世界にたゆたう。シエナの善政がもたらした現世の栄華をまずは堪能せよ、ということなのか。身廊の列柱をつなぐアーチの上方、一直線にのびる軒蛇腹の上から、歴代の教皇の肖像彫刻が、生首のようにこちらを見下ろしているのには、思わずぎょっとしてしまう。しかしその代わり床に目を落とせば、ピントゥリッキオやベッカフーミといった当代随一の画家の下絵による、華麗な大理石の装飾が堂内一面を埋め尽くしていて、ため息がもれる。

クーポラ（ドーム）の下まで進むと左手に、ジョヴァンニの父、ニコラ・ピサーノが13世紀半ばに彫った壮麗な説教壇がある。ピサの洗礼堂のものに続く、２つ目の説教壇だ。キリストの生涯を描いた高浮き彫りは、もはや完全にビザンチンの硬さを脱皮し、生き生きと躍動し始めた人間像が幾重にも折り重なる。その重厚な八角形を優雅に支える緑と紫の大理石円柱も実に美しい。

左側廊の中ほどにある、ピッコローミニ図書室は、ピントゥリッキオが華やかな色彩で描いたフレスコ画が、石の鑑賞に疲れた目に新鮮で心地よい。

表に出る前に、柱の陰に隠れて片方のサンダルを脱ぎ、ほてる足をひんやりした大理石の床に下ろしてみた。このまま裸足で堂内を歩き回れたらどんなに気持ちよいだろう。石の生首を連ねる教皇たちに、はしたない、と叱られるだろうか。

楽しみにしていたドゥッチョのマエスタは見られなかったが、その代わりカンポ広場の市庁舎で見た、シモーネ・マルティーニのマエスタは、私に思っても見なかった感動を与えた。こちらは板絵ではなくフレスコ画で、かなり傷んだ部分もあるが、聖母子やそれを取り囲む聖人たちの、表情やしぐさの優雅さ、流れる線とふるえる色彩の美しさ、絢爛たる衣装や装飾の繊細さは、いつまで眺めても飽き足らない。それは、遠近法やボリュームの表現法に強い興味を示したフィレンツェ周辺の画家とは明らかに異なるシエナ派の特色であり、色彩や線の美しさを重んじる日本の伝統美にも、どこか通じるものがある気がした。シモーネ・マルティーニは、ドゥッチョとともに、私の大好きな画家となった。

街に出るともう外は暮れなずんでいた。パリオの勝利を祝う若者たちの群れが、旗を振り、笛を鳴らしながらにぎやかに通り過ぎてゆく。高揚した気分に1杯引っかけたワインがまわったのか、それとも真夏の夜のシエナの町が人を酔わせるのか。このままいつまでも、曲がりくねる石畳の道をそぞろ歩いていたい気がした。街灯の背後に闇が静かに降りてきた。

（清水里香）

03 シモーネ・マルティーニ「マエスタ」（シエナ市立博物館蔵）

06

ルネッサンスの精華 フィレンツェ

現代の絵画といえば、ほとんどが持ち運び可能な大きさだ。いくら大きくともキャンバスなどは数人で持ち上げれば動かすことができる。しかしおよそ600年前、ルネッサンス期の頃には、動かすことができない「フレスコ画」がたくさん描かれた。フィレンツェでもたくさん見ることができるが、教会などの室内の壁には、聖母マリアや天使の姿が極彩色で大きく描かれた。ほの暗い部屋の壁に浮かび上がる極彩色の場面は、今でも心を打つ。制作された当時、色はもっと鮮やかで、どれほど人を引きつけたであろうか。

フレスコ画を作るには、かなり手間がかかる。絵が描かれている表面の漆喰の下には、

★フィレンツェ（Firenze）　トスカーナ州州都。人口約37万人。アルノ川両岸の平原に市街地が広がる。15世紀にメディチ家の保護の下で芸術・文化の再興（ルネッサンス）がおこり、ミケランジェロら偉大な芸術家を輩出した。サンタ・マリア・デル・フィオーレ大聖堂（ドゥオーモ）はルネッサンスの代表建築の一つ。

2層か3層の支えの層が隠れており、その厚さは1〜2センチくらいか。白い消石灰に砂を混ぜて水でこね、壁に塗ってそのまま放置して固めるわけだから、下の層が固まってからでないと次の層にとりかかれない。それらは日本で言うなら左官屋さんの仕事にあたる。作家は左官職人の仕事が終わるまで待っているしかない。

さて、壁面に絵を描いていく作業には、大きく分けて2つの技術がある。表面の白い漆喰層が生乾きのときに色のついた粉末（絵の具）を水で溶き、筆で塗っていく方法、これは伝統的なもので、古くローマ時代にはもう使われていた。もう一つは漆喰層がいったん乾いてから絵の具を卵白のような接着剤で溶き、筆に含ませて描く方法で、ルネッサンスの頃にはよく使われた。厳密にはフレスコ画ではないと言う人もいるが、漆喰層に描く壁画だからひとまとめにして扱うとしよう。この技法で一番有名な作品はミラノの教会にある、レオナルド・ダ・ヴィンチが描いた「最後の晩餐」で、傷みが激しく修復家泣かせの作品でもある。作家が生きているうちから絵の具がはげ落ちたと言われている。

01 フィレンツェの中心部。サンタ・マリア・デル・フィオーレ大聖堂（ドゥオーモ）につづく通り。

フレスコ画に使われる絵の具は、美しい色の石や砂などを細かく砕き、ふるいに通して粒の大きさをそろえたものだ。フィレンツェには、ルネッサンスの頃と変わらない絵の具の粉末をそろえている店もあるという。

私の好きなフラ・アンジェリコという作家の作品は、今は美術館として公開されている修道院の壁に描かれている。ここでは同じ作者のいくつかのフレスコ画にお目にかかれるが、個人的には、横たわるキリストを見守る母マリアと聖人たちの図「キリスト降架」をお勧めしたい。これはフレスコ画ではなく、平らに削った板の上に膠《にかわ》や卵で溶いた絵の具を塗り描く、テンペラ画と呼ばれるものだ。絵の具の粉末を、膠質の接着剤が板に固着させ、絵が出来上がるわけだが、卵の白身などが固まった後は、テラテラした光沢が出て油絵のような趣も感じられる。色が今もそれほどあせていないのだろう、赤、青、黄色など多くの鮮やかな色を使って表現された、深い悲しみに沈む母マリアの表情は、早くに逝った息子を見送らざるを得ない一人の母の表情であり、内面をこれほど豊かに伝えることができるのかと驚かされる。

ここ、サン・マルコ美術館には彼の作品が多数展示してあり、中でも天使がマリアに懐妊を伝える「受胎告知」のフレスコ画が有名である。事実、1階から2階へ上ろうとする階段の踊り場から見上げるときの絵の現れ方は、天使の羽のくすんだ虹色の色調をいっそう際立たせ、強い印象を残す。

この時代に、うまい絵描きは大勢いただろう。しかしフラ・アンジェリコの、形の描き方の硬さにもかかわらず人物の内面を深くとらえてその表情に描き出す力は、技術の問題ではない。作家の心の奥に沈んだ何かが、ここでは神の存在、つまり自身の信仰が、それを可能にさせるのだろうか。先の「キリスト降架」の主人公はもちろんキリストであるが、横たわり目を閉じるその人を囲む数人の聖者たちも、悲しみのマリアを際立たせるために添えられたとさえ見えてしまう作品である。作家の思想はそれを表現可能にする技術より優位に立つという意見に、思わず賛成してしまう。

１９８５年頃、冬のフィレンツェに泊まったことがある。ちょうど12月31日、年が変わる日にここに居合わせた。夜の12時近くになると街がいっそう騒がしくなる。若者たちがどこからともなく中心の広場に集まってくる。カウントダウンをしにやって来るのだ。年の変わり目を皆で連れ立って祝い、騒ぎたいのだろう。手にはシャンパンやワインの瓶をさげて、気の早い連中は12時を待てずに飲み始める。数百人の若者があちこちで、大きな笑い声を上げ、友人のおどけた仕草に意味もなく拍手をし、気分の高揚に素直に従っているようだ。

12時ちょうど、日付が変わるといっせいに教会の鐘が鳴り響く。すると、いたるところで爆竹がパンパンはじけ、ガラス瓶が石畳に打ちつけられる。炸裂音、爆発音、砕け

02

る音、嬌声が重なり、目の前を花火がヒューと音を立てて飛び交う。足元を見れば割れた瓶の無数の破片が、投光器にきらきら輝いていた。広い広場全体にガラス片のじゅうたんが敷かれ、若者の吐く息がホッホッと逆光に白く浮かび上がる。旅行者の目には「若者の大騒ぎ」にしか映らない大晦日の光景ではあるが、ガラスで靴を傷めたり、花火が背中にあたる危険を覚悟のうえで参加すれば、単純にこれは楽しめる。

03

フィレンツェの街の規模はローマほど大きくないので、主だったところには気軽に歩いて行ける。絵画が多数、しかも有名な作品が所蔵されているのはウフィツィ美術館だが、その裏手にある科学史博物館は、知る人ぞ知るという感じの硬派向きのスポットだ。「それでも地球は回っている」と自説を譲らずキリスト教会と対立した、あのガリレオが使った望遠鏡やレンズが展示してある。それは小さなもので、親指と人差し指で作る輪くらいの大きさだ。これらを組み合わせた望遠鏡を天

02 フラ・アンジェリコ「受胎告知」（サン・マルコ美術館蔵）
03 フィレンツェの中心部にある広場。

体の運行の観測に使用し、地動説を確信するにいたった彼は、完璧と信じられていたキリスト教の教義の一部を否定することになる。問題は法廷での論争に持ち込まれるが、裁判の進み方は単純なものでなく、教会、ガリレオ双方が、押したり引いたり、なかなかしたたかな駆け引きを展開する。

しかし、これ以降の歴史全体の流れとしては、神の出番が減っていき、人は生きる寄る辺をちっぽけな自分一人にしか求められない、という考えの誕生につながっていくこととなる。人はいかに生きるべきかという永遠の問題に神を介在させるか否かは、個人の生き方に関わる重要な問題であり、あるいは神の存在を認めても、どの神を受け入れるかという争いは、国や民族を挙げての戦争を引き起こすほど大きな問題である。

この博物館の淡々とした展示からは、その辺のシビアさがまるきり伝わってこないが、それは意図したものではないだろう。八百万《やおよろず》の神を信仰する輩には、当然のことながら理解困難なテーマでもある。

別のコーナーではまた、温度やスピードや重さを数字で表すというやり方が、どんなふうにして生まれ、発達してきたかが展示してある。熱いとか冷たい、早い遅いといった感覚的違いを、文字だけの表現から数字の違いに置き換えることが数値化へとつながっていったし、時代が下るとさらにアナログがデジタルへと変化するが、どうもその流れに本格的に転換していくのが、このルネッサンスの時期のようだ。自然科学が優位に立つ現代であるが、これへと直接つながる当時の自然科学が、人文科学という親から生まれ育ち、やがて分離していくさまは、かなりシンプルな出来事が連続しているように見え、数学嫌いな私は親しみを覚える。

もう一つ、「人体の驚異」とでも名付けたいような展示を紹介する。これは、子どもが母親の胎内でどのように育っていくかを、ロウを固めて作ったであろう模型で、色も忠実にほぼ原寸大で再現してあるものだ。母親のお腹の中で胎児が頭を上にしたり下にしたり、へその緒を首に巻き付けたりといった様子を、正常な例と異常な例とで示し、それはリアルに作ってある。母胎は、胎児を観察できるよう縦にカットされ、内部が露出している。これらが数十体、壁面全体を覆う。分娩は、1700年代の当時にあっても困難がつきまとう作業で、胎内での子どもの姿勢は分娩を左右する、医学の重要な研究対象であったことがわかる。まして貴族にとっては、子どもが生まれ世継ぎが確保でき、また母親も無事に責任を果たし健康体でいることは、富や権力の継承もからみ非常に大事な事柄であったというのも理解できる。しかしそのリアルさに正直圧倒されるのは、私だけではあるまい。ここで見る限り、医学といい物理学

04 サンタ・マリア・デル・フィオーレ大聖堂の上からジョットの鐘楼を望む。

に、五感を最大の武器にして迫っていたことがよくわかる。

といい、自然科学がよちよち歩きの頃、観察する側の人間が、研究対象である「もの」

10年くらい前に知り合ったイタリア人に、フィレンツェ郊外で宿泊施設を経営していた知人がいる。鉄道の中央駅から車で40分くらい郊外に向けて走り、集落を抜けたところで道を折れ、果樹園の中の農道を進むと、鉄の柵を持った石造りの大きな家に突き当たる。丘の上に建つこの家は、周りを広大なオリーブの畑やブドウの棚に囲まれた、畑の中の一軒家という風情だ。よく手入れされた低い果樹は、規則正しく並びながらゆるやかに谷へ向かって下りていく。さらにたどれば、対岸の丘をはうように登り、頂には数軒、オレンジ色の瓦をのせた人家が見える。こんな静かな自然環境だから、夜は全く無音の世界となり、空には光の粒をばらまいたように星が降る。

小さな礼拝堂と2階建ての母屋、農園内に点在するいくつかの作業小屋などを改造して、長期滞在型の宿泊施設を造ったのが約10年前という。友人のおじいさんは商才に長けた人で財をなした。その息子の嫁はベルギーから来た人で、彼女の子どもたち、つまり友人の兄弟の家族がここに住み、宿泊所を経営している。各棟には台所やバス・トイレがついているので、自炊や洗濯も宿泊する家族が行う。農業と観光をドッキングさせたような、アグリトゥリズモと呼ばれる宿泊施設の一つで、日本で同じようなものを探すと、ぴったりしたものではないだろうが、観光農業とでもなるのだろうか。

アグリトゥリズモは、衰退しつつあった農業の振興政策の一環としてイタリア全土で展開されている。イタリア政府の援助策は、税の優遇措置、補助金の給付も含めて、日本のそれと大きな違いはない。ここは周囲の自然が美しく、加えて歴史的な建物や町並も遠くに見え、ワインや牛肉、野菜、果物など、ともかく食べ物がうまい。そしてオリーブ畑の端に自前の小さなプールも造ってあるので、夏は豪華ではないにしても休暇をゆっくり過ごすための仕掛けに事欠かない。こんな所に泊まりながらフィレンツェやシエナの町を訪れたら、また違った発見も期待できそうだ。

残念なことに、知人のところは最近閉めてしまったが、近くには同じような宿泊施設がいくつかあると思う。「アグリトゥリスト」のサイト（www.agriturist.it）でフィレンツェ周辺のアグリトゥリズモを検索すればヒットするだろう。一度お試しされることを勧めたい。（内田俊秀）

05フィレンツェ郊外に広がるブドウ畑。

07 謎めいた怪獣の森 ボマルツォ

イタリアで最もミステリアスな場所の一つは、ボマルツォの怪獣公園である。ボマルツォはヴィテルボ市の近くにある小さな町で、オルシーニ城、ドゥオーモや昔の教会があるものの、怪獣公園が存在しなければ、多数の小さな田舎町と何ひとつ変わらない風景の町だっただろう。だが、そこに16世紀後半、ヴィチーノ・オルシーニ（本名：ピエル・フランチェスコ・オルシーニ、1523－1585）によって当時の趣味や美意識から離れた、非常に変わった公園が造られ、ボマルツォという町を世界的にユニークなスポットの一つにした。

広い公園のところどころに置かれた大きくてグロテスクな彫刻や噴水、建物が、見学

★ボマルツォ（Bomarzo）ラツィオ州ヴィテルボ県。人口約1900人。エトルリア人の築いた町が起源とされている。この地域を支配した貴族オルシーニ家によって16世紀に建てられた城や、サンタ・マリア・アッスンタ教会も見どころ。

者をびっくりさせ、異次元に導く。公園を訪れる者のために、いたるところにベンチが用意され、あちらこちらに置かれた碑文が人々を瞑想に誘う。

公園が造られた16世紀後半といえば、あの壮大なシスティーナ礼拝堂の天井画と「最後の審判」を完成させ、サン・ピエトロ寺院の円屋根の設計を残してミケランジェロがこの世を去った（1564年）頃である。

ヴィチーノ・オルシーニは1523年に生まれた貴族で、軍人や文学者として活躍したそうだ。彼は間違いなく、ルネッサンス芸術の傑作の数々を見たことがあったはずだ。それなのになぜ、優れた芸術品とは決していえない怪獣などの彫刻を構想したのだろうか。不思議な存在感をもつ彫刻は誰が制作したのだろうか。怪獣の本当の意味は何だったのだろうか。つまり、ヴィチーノ・オルシーニはその庭園で、私たちに何を語りかけようとしたのだろうか。怪獣の森というより、謎の森といった方がふさわしいのではないかと思う。この場所に来て、イタリアが誇る芸術の傑作を期待してはいけない。ここは他に類のない、想像力の穴場である。

公園に入るとすぐに2頭のスフィンクスに出会う。左の道を行くと突き当たりに、怪獣が大きな口を開いている。怪獣の頭の上には、てっぺんに城を載せた球体が乗っている。スフィンクスの方に戻ってまっすぐ進み、石段を下りると、いきなり目の前に10メートルはあろうかという巨大な人物の彫刻が現れる。敵の左足首を捕まえ、引き裂こうとしている。この巨人の正体については、巨人の怪物カクスを八つ裂きにするヘラク

レスか、羊飼いを殺害する発狂したオルランド（叙事詩『狂えるオルランド』の主人公）か、と意見が分かれている。巨人の表情は厳しさそのもので、さかさまになった人物の顔からは痛々しさが伝わるが、両者に共通するのは身体のごつさである。彫刻の巨大さで観客を驚かせて、その脇の壁に刻んだ2つの文で何かを問いかけていたはずだが、残念ながらいまではそのうちの1つの文の大部分が消えてしまったため、意味は定かではない。

そのまま道を下ると、先の巨人に比べればきれいな彫刻がある。大きなシャチ（海の怪物）の向かいには巨大な亀がいる。亀の上には球体が乗っており、またその上に軽々と女性が立っている。すぐ近くには、空に向かって飛び立とうとしている天馬ペガサス。女性は「勝利」、または「名声」を象徴するのではないかと言われているが、亀は何の象徴だろうか。奥が深い。深すぎて、わからない。

すべての彫刻が現地で多く採掘される「ペペリーノ」という石で造られている。「ペペリーノ」は胡椒（イタリア語でペペ）が振られたような黒い斑点がかかっている灰色の

01 怪物カクスを八つ裂きにするヘラクレスあるいはオルランドの彫刻。
02 傾いた家。

石である。緑の中にぽつぽつと置いてある彫刻は、年月の流れや風雨に蝕まれて、制作されたときよりだいぶ変形が生じている。角が丸くなったりコケに覆われたり、人間が造ったものというより、キノコのように地面から自然に生えてきたような気がする。

小道を歩き、石のベンチと木の幹を思わせる彫刻を通り越すと、ギリシャ神話の三美女神と思われる彫像、そして壁間にはビーナス。貝の上に立つビーナスは優しい表情ではなく、どちらかと言えば厳しい表情をしている。上半身は裸で、へそのところに穴が空いている。昔、ここから水が出て、真下の噴水まで流れ落ちていた。

小さな劇場の前にある2本の石柱にはこう刻まれている。「1552年、ヴィチーノ・オルシーニ　たんに、気晴らしのため」。気になる言葉である。胸にあり余った感情を表現するために、この公園を造らせたというのだろうか。ただ、この2本の石柱は、怪獣公園ができる前に、遠くに（戦争に）出かけるヴィチーノの無事を祈るため、本人と妻ジューリアが設置したという説もある。ヴィチーノの言葉を心にとめながら、見学を続ける。

現在の遊園地にもありそうな建築物がある。傾いた家である。これはわかりやすい。わざと地面に対して斜めに造られたこの家は、人が住むどころか、休憩することもできない。試しに中に入ることもできるが、やはり長居する人はあまりいない。入

02

るとすぐに目が回りそうになり、地球が異常なスピードで回っているような感覚！　すぐ出てきてしまう。傾いた家を出たところに広い空間があり、そこにはまたも大きな彫刻がいくつかある。

両側に大きな壺を置いた小道を行くと、突き当たりに海の神ネプチューン（また、説によっては冥界の神プルート）が右手で小さなイルカを押さえている像がある。長髪で立派な口ひげをたくわえた神は、遠くを見つめている。左側に、眠れる美女と言われている女性の彫刻。眠っているというより、目が覚めたばかりで立ち上がろうとしているように見える。ガイドブックでは妖精とされているが、私にはどうしても弱々しげな妖精には見えない。がっちりした体格である。来た道を戻り、ネプチューン／プルートの方角ではない方へ進むと、もう1体の女性の彫刻が木の間にある。頭の上に丸い壺を乗せて、背中に子どもがしがみついている。農業の女神ケレスとみなされている。ここは広場のような平地でとにかく広い。

戦闘用の象に兵士がまたがっている彫刻がある。象の背の上には塔のようなものがあり、象は鼻で敵の兵士を持ち上げている。ギリシャ神話ではなく古代ローマをテーマにした彫刻である。

近くには、複数の怪獣の大きな彫刻。もっとも印象的でよくできているのが、翼のある竜である。竜は犬、狼、ライオンと戦っている最中である。竜は月日・時間を象徴しているると言われている。この竜の耳は貝に似ていて、目は立体的で大きな眉が怒りの表情をつくっている。

もっと進むと、この公園のシンボルになっている作品がある。子どもを怖がらせようと叫んでいるような表情の巨大な人の顔で、目が穴になっている。開いた口には歯が2本突き出ている。上唇に「すべての思いは飛ぶ」と赤く刻まれている。外から見ると、中にとても恐ろしい何かがあるのではないかと想像してしまうが、実際に口の中に入ってみると、石のテーブルと椅子があったりして、意外に落ち着いた空間になっている。「人食い鬼」という愛称で知られている恐ろしい顔が、

03 兵士を鼻で持ち上げようとする象の彫刻。
04 ライオンと戦う竜の彫刻。

05

私たちに語ろうとする教えは、「恐く見える物事は、もしかしたらそれほど恐くないかもしれない」ということだろうか。

ボマルツォの怪獣公園はいまでは海外でも有名であると先に述べた。ヴィチーノ・オルシーニが生きていた頃はまああまあ知られていたが、そのあと数世紀にわたっては、世間に忘れ去られていたに等しい。20世紀前半のガイドブックには、怪獣公園について、1、2行しか書かれていなかった。再発見は第2次世界大戦後、1950年代の国内外の知識人によるものである。彼らの興味や土地所有者のおかげで、ヴィチーノの公園は蘇った。この公園の紹介にとても熱心だった1人は、スペイン生まれの天才画家、サルバドー

05巨大な人食い鬼はこの公園のシンボル。

ル・ダリだった。

公園がいまも私有であることはあまり知られていない。ヴィチーノの死後、彼の不動産は他の貴族の手に渡って、その後何度も所有者が入れ替わった。1950年代に森は売りに出されたが、ボマルツォの人々はもちろん市当局さえも興味を示さなかった。そこへ1954年、一人の農夫ジョヴァンニ・ベッティーニが公園を購入したのである。彫刻が多くて農業の邪魔になるため、地代はかなり安かったからしい。

しかし、妻のティーナ・セベーリが、荒れた公園に眠っている怪獣の重要性に気づいた。家族だけで公園を整備して蘇らせて、1970年代に一般公開を始めた。遠い昔、かつてある個人が構想して造られた公園は、いまも個人によって運営されている。

とはいえ、所有者は公園を好き勝手にはできない。文化財を保護する法律によって、変更などが禁じられているためである。公園のあちらこちらに監視人がいて、見学客が彫刻にダメージを与えないように注意している。彫刻の上に乗ったりする観光客もいるという。

「怪獣公園」はヴィチーノが付けた名前ではない。彼はここを「神聖な森」と呼んでいた。「神聖な森」を造るために、有名な建築家・ピッロ・リゴーリオの協力を得たという説があるが、これも定かではない。

怪獣公園の彫刻の作者については、全く確認できていない。誰がこんなにたくさんの彫刻を手がけたのかは不明だが、ヴィチーノが戦闘でトルコ人たちを捕虜にして、彼らに彫刻を造らせたという説がある。その説に従うと、出来がもうひとつなのは素人の作品だからかもしれない。

「人食い鬼」のある広場には、昔ローマのサンタ・マリア・マッジョーレ広場に置かれていた壺の複製と言われている巨大な壺や、羊の彫刻、そして、傾いていて座り心地の悪い、いわゆるエトルリアのベンチもある。その先の道は階段状になっていて、石段を少し登ったところに、最後の彫刻群がある。冥界を連想させる、3つの頭を持つあの世の番犬ケルベロスと女神プロセルピーナ。大きな松ぼっくりと巨大な松の実が並んで、左の突き当たりには熊がオルシーニ家の家紋を持って立っている。イタリア語で「オルシ」は熊という意味である。

また少し石段を登ると、ここに最後の驚きが待っている。ここまで怪獣や神話の神々、想像の世界から現れてきた妙な彫刻をすでにたくさん見てきた人たちは、また似たようなものに出会うのかな、と予想している。

だが、全然違う。見学の最後には、教会のような、神殿のような、霊廟のような建物が待っている。建物は正面

06 オルシーニ家の家紋を抱える熊の彫刻。
07 教会のような、神殿のような建物。

から見ると奥行きが深く見えるが、横から見れば、そうではないことに気づく。遠近法をうまく操って建てられたことは明らかである。中には入れないことになっているが、もともと中には彫刻など何もないそうだ。

ヴィチーノはこの建物を、怪獣公園が完成しておよそ20年後に追加した。亡くなった2人目の妻に捧げたのだ。この建物はスタイルも目的も、他の彫刻とあまりにも違うため、軽い違和感を覚える。

07

怪獣公園の再発見者、ティーナ・セベーリは、修復工事中の事故で命を落とした。夫のジョヴァンニ・ベッティーニは、ヴィチーノ・オルシーニと同じように、その神殿で妻を弔《とむら》った。

神殿のあたりから、近くの丘の上にあるボマルツォの村の家並、城、木々の緑、岩などが見える。のどかな風景である。時間の流れが結晶化したような錯覚に陥る。

（マリレーナ・マリンチョーニ）

08

まぼろしの楽園
ニンファ

ラツィオ州は5つの県からなるが、その1つ、ラティーナ県にあるラティーナ市は、イタリアの都市には珍しく比較的新しい。創設はおよそ80年前。ラティーナ周辺の平野、ポンティーノ地帯は、何世紀にもわたって湿地だったところで、住むには良い環境ではなかった。マラリアなどの病気が人々の命を縮めていた。この地帯を本格的に改良し、干拓に取り組んだのが、あのムッソリーニだった。

数千人規模で森林を伐採し、湿地帯を農地に変え、新しい町リットーリアをつくった。全国から集まった失業者たちがこの町に移り住んで、新しい人生を始めた。ファシズム体制の崩壊後、リットーリアの町はその名前をラティーナに改められた。

★**ニンファ**（Ninfa）ラツィオ州ラティーナ県。県都ラティーナの北東にある。庭園の一般公開は毎月第1土曜・日曜（4-6月は第3土曜・日曜も開園）。開園時間：9：00-12：00と15：00-18：00。40人以上の団体は予約すればいつでも見学可能。南東約5キロの所にあるセルモネータ城もあわせて見学したい。

このラティーナから20キロ離れたところに、ニンファという小さな「町」がある。まぼろしのニンファ。なぜまぼろしかというと、まず何世紀も人が住んでいないからだ。人間が残した町全体が「自然」と妙に一体化している。そして月に一度だけ、このまぼろしの町は一般公開されている。

ニンファは、神話の妖精（ニンフ）を意味するイタリア語だ。名前がほのめかすように、この場所には古代ローマ以来の長い歴史があって、昔、池のあたりには妖精の神殿が建っていたと言われている。

７５０年にローマ教皇がビザンツ皇帝からニンファを受贈して以来、13世紀に至るまで町の支配者は何度も替わり、13世紀末に、ローマ出身の貴族カエターニ家に移った。以来、ニンファの町はカエターニ家と運命を共にしたが、ずっと何らかの権力争いに巻

01 ニンファに残された中世の塔。
02 廃墟になった建物は、ツタが絡まり緑に覆われている。

03

き込まれたり、隣接するいくつかの町と戦ったりしていた。

14世紀後半にこうして決定的なダメージを受けて破壊されたニンファは、二度と栄えることなく、マラリアなどで少しずつ人口が減って、結局ゴーストタウンになってしまった。

19世紀後半に、ニンファの廃墟を訪れた1人のドイツ人がいた。歴史学者のフェルディナンド・グレゴローヴィウスは、ニンファに魅了され、その著作『ローマ散策』のなかでこの町を紹介した。ニンファを「中世のポンペイ」と呼んだのは彼で、それ以来、この表現が一般的に用いられている。

グレゴローヴィウスの描写によると、ニンファの方がポンペイよりも魅力的である。ポンペイの家々は火山灰から発掘され、ミイラのようにこわばった表情で建っているのに対して、ニンファは香る花の海に漂っているようだ。遺跡はツタに覆われ、道には草

03 いまも水をたたえる朽ちた泉。
04 誰もいなくなった庭園の池で憩う白鳥。水面にはうっそうとした木立の影が映る。

や花のじゅうたんが広がり、高い塔の影が小池に映り、ここは神話的な場所である、とグレゴローヴィウスは語っている。

20世紀になると、ニンファに転機が訪れた。ニンファが神話的スポットから観光名所に変わり始めたのは、1920年代である。15世紀以降、カエターニ家の子孫によっても、ニンファや近くのセルモネータ城は全く気にかけられることがなかった。だが、歴史学者で工学博士でもあったジェラージオ・カエターニは知識人の目で行動を始め、まずセルモネータ城を修復した。そしてニンファに注目し、遺跡を覆っていたツタを剝がした。すると、7つの教会が出てきた。市役所として使われていた建物を修復し、家族でよくここに滞在するようになった。イギリス人の母アーダは、木を植え始めたという。

ジェラージオの死後、彼の兄弟のロッフレードがセルモネータやニンファなどを相続した。音楽家・作曲家のロッフレードの妻でアメリカ人のマルグリット・チャピンは、1950年代までニンファの庭園の世話を続けた。

そして、彼らの娘レリアは庭園を飾り続けた。画家だったレリアは、芸術家の美意識でニンファを世

04

界でも類を見ない場所に作り上げた。ニンファにとって、レリアは3代目の女神だったに違いない。兄のカミッロが戦死したため、彼女がカエターニ家の最後の子孫になった。男性の子孫がなく、彼女の代でカエターニ家は絶えた。

幸い、彼女が夫とともに、「ロッフレード・カエターニ財団」を設立し、ニンファとセルモネータ城を財団に遺贈した。おかげで、私たちは今日でもニンファを楽しむことができる。

ニンファの見学はガイド付きでしか行われないため、中を自由にうろうろと見て回ることはできない。ニンファを保護する財団の厳しさに驚いたが、そうしないとニンファを守れないので、やむを得ない。

ガイドは、45分くらいのツアーで観光客を決まったルートに沿って案内する。景色の美しさ、自然と遺跡の調和、透明な川の水、植物の珍しさなどに圧倒されてあっという間に時間が経つツアーである。正直に言うと、もっと長くいたかったし、半日でも一日でもかけて隅々まで見たかった。1時間足らずで出なければならなかったのは残念でちょっと悔しい。

ニンファは植物・鳥類保護地帯になっており、鳥にとって天国である。アオサギ、カワセミ、メンフクロウ、ミミズク、キガシラコウライウグイス、バン、オオバン、セキレイなどが見られる。むろん植物は多種多様である。イタリア人にとっては珍しく、反対に日本人にとっては見慣れた植物があるのも面白い。たとえば竹である。イタリア人はこれを見ると興味津々。アジアのような竹林とヨーロッパの遺跡が一緒に観賞できるところはあまりない。

カエデ、梅、実のならない桜、しだれ桜もある。細長い糸杉が多く目立つ。北アフリカのシトロンの木、さまざまな松、柳、クルミ、カバ、ブナ、桐、コブシやモクレン、イチョウも1本ある。ロウバイ、クレマテス、椿、アジサイ、セイヨウサンザシ、エニシダ、スイカズラ、ジャスミン、セイジ、ラベンダー、バラなど。数えきれないほどの花や草木が視覚と嗅覚を刺激する。

05 ニンファの庭園には多種多様な樹木が植えられている。奥には竹林も見える。

イタリア人観光客の団体はとてもうるさいとひんしゅくを買うことが多い。確かに、イギリス人などより多少にぎやかではあるが、ニンファに一歩入ると、彼らも妙に静かになるという印象を受けた。彼子ども以外は、皆とても興味深くガイドの説明に聞き入り、イギリス人のように小声でしゃべったし、日本人と同様、あちこちでカメラのシャッターを切っていた。皆ニンファのとりこになったのだと思う。

ニンファは海外、とくにガーデニングが盛んなイギリスなどで有名である。しかし、ニンファの魅力はガーデニングだけでは語りきれない。ただの庭園にとどまらない。ただの遺跡でもない。朽ちかけた塔や教会などが、動物や植物との共存によって新しい特徴をかもし出している。

この遺跡は歴史のにおいがしない。それらを建てた昔の人間の声はあまり聞こえてこない。３代にわたってガーデニングを手がけた女性たちの性格も伝わってこない。すべてが遠い昔からそのままで、これからもずっと変わらないというふうで、やはり異次元的な要素を持っている。時代の流れに支配されず、四季がもたらす変化が永遠に繰り返されるだけ。木は大きくなって、花が咲いたり枯れたり、動物が生まれたり死んだりするけれど、ニンファ全体で自立した閉ざされた時空を持っている。言いすぎだろうか。だが少なくとも、私にはそう感じられた。

（マリレーナ・マリンチョーニ）

第2部

食の宝庫を旅する

09

酢の王様 バルサミコ モデナ

モデナ市といっても、ぴんとくる人は少ないかもしれない。だが、フェラーリといえば誰にでもすぐわかるだろう。もう亡くなってしまったが、オペラ歌手のルチアーノ・パヴァロッティも世界的に有名である。高級スポーツカーを生み出した神話的な人物フェラーリ氏も、偉大で巨大なテノールも、モデナ出身である。モデナ市はエミリア-ロマーニャ州のほぼ真ん中に位置し、ミラノからの距離は約１７０キロ、ボローニャからはたったの40キロ。

モデナに滞在するなら短い日程でも、見ておくべきモニュメントがある。大聖堂である。ガイドブックを読めば、ロンバルディア・ロマネスク様式の建物だと難しそうな説

★モデナ（Modena）　エミリア-ロマーニャ州モデナ県。人口約18万人。前２世紀にローマ人の植民都市が建設された。古代ローマからの道エミリア街道が今も町の中心を走る。中世には自治都市として栄えたが、ボローニャとの抗争で敗北し、フェラーラを本拠とするエステ家の支配下に入った。

明が書いてあるが、様式の知識がなくても、900年の年齢を刻むずっしりがっしりとしたモデナの大聖堂は、そのものだけで説得力をもつ建物である。いかめしい教会を取り巻いている広場はモデナの中心、グランデ広場である。大聖堂の近くに、ギルランディーナという愛称で呼ばれている87メートルの高い鐘楼もあるので、ぜひ見ていただきたい。

でも、モデナを取り上げた理由は、あの赤い車やあの素晴らしい声の話をしたいからではない。ここでは、モデナをふるさととするバルサミコ酢の話をしたいと思う。バルサミコ酢といっても、いたるところで安く販売されている、水やキャラメル色素が混じった偽物ではない。長い年月をかけてブドウだけで造られる「アチェート・バルサミコ・トラディツィオナーレ・ディ・モデナ」の話を進めたい。

最近は、バルサミコ、バルサミコ、と嫌になるほど耳にする。テレビの料理番組の担当者はこの頃では、バルサミコがないとサラダは作れない、とまで思っているのではないだろうか。

イタリアの自分の家でさえ使ったことのない酢が、1万キロくらい離れている日本という国で、どうしてこんなにも有名になったのか、よくわからない。もしかした

01 モデナの大聖堂。左奥に見えるのが、ギルランディーナと呼ばれる鐘楼。

ら、これもアメリカ経由で日本に入ったのでは？　それとも、イタリア留学経験を誇る多数の料理人の影響があったためだろうか……。

それはさておき、日本のスーパーやデパートで購入できる数多くの「バルサミコ」は、モデナ地方で昔から造られてきた、家庭の宝物のような貴重な酢とは全く違う、ということである。工場で大量生産されたまぎらわしい商品が市場にあふれているのは、バルサミコ酢も例外ではない。イタリアの一部の地域でしか生産できないものが、世界中の食卓を飾れるわけがないのだ。

本物は手造りのため、必然的に生産量は限られている。それは貴重な妙薬のようなもので、それ以外は、量産用で偽薬のようなもの。もちろん、偽薬が出回っているのは日本だけではない。イタリアでも、他国でも同じだ。本物は高いんだから、似たようなお手頃の酢を使って何が悪い、と異議を申し立てる人もいるだろう。似たようなものを納得して購入するのなら、こちらは何も言い返せない。だが、バルサミコ酢を購入する人が、インフォームド・コンセントなしで商品の質や中身を勘違いして買うのなら、話が別である。

実はいま、イタリアの大切な技の結晶である食料品の、すべてが危機にさらされていて、パルメザンチーズやパルマの生ハム同様、バルサミコ酢も同じ状況である。職人たちは、大企業に金銭的な面、宣伝的な面などで太刀打ちできない。これからどうやって自分たちの商品を理解してもらっていけばいいのか、どうやれば大企業に負けないで生き延びられるのかと、彼らは必死に模索している。消費者として私たちは、ぜひいつまでも優れたおいしいものを造ってもらいたい。そう思えば、少し勉強するしかないではないか。というわけで、この章では（本物の！）バルサミコ酢の紹介をしたいと思う。

ワインより有名な酢が存在するとは、「アチェート・バルサミコ・トラディツィオナーレ・ディ・モデナ」を知らない人なら、信じがたいかもしれない。ワインより貴重な酢、ワインより値段の高い酢、そのように想像力を刺激する酢って、世界で一つしかないかもしれない。最初に名前を訳しておくと、イタリア語で「アチェート」は酢で、「トラディツィオナーレ」は伝統的で、「ディ・モデナ」はモデナの、という意味である。

日本でこの酢の略語として通用する「バルサミコ」は、実に興味深い単語である。もとは形容詞で「バルサムのような、芳香性の、かぐわしい」と小学館の伊和中辞典には書いてある。バルサムは、いくつかの木から採れる、薬効のある鎮痛剤である。また、比喩的に使うと、（心の痛みなどへの）慰めという意味になる。「芳香性の」という意義を重視して訳されていることもあるけれど、つまりバルサムには、身体にも心にも良いもの、というニュアンスがある。

何世紀にもわたるアチェート・バルサミコの歴史を、完全にたどることはできそうもない。歴史の長い線の上を転々と跳ぶことが許されるなら、そうしたい。

バルサミコという形容詞が、アチェートという名詞にはじめて使用されたのは、1747年。このときにこの名前が公式になったというだけで、実物はずっと昔から親しまれていたようだ。とくに、モデナの貴族たちにはそれぞれの「アチェターイア」（アチェートの樽が置いてある屋根裏部屋）があった。１５０８年にモデナ公爵アルフォンゾ・デステの妻、ルクレッツィア・ボルジアは初産のとき、バルサミコ酢を特効薬として使ったという。

17世紀の前半に恐ろしい疫病ペストが北イタリアを襲った。当時、ペストは治す薬はもとより、原因そのものが不明だったため、悪病を予防する手段として酢が使用されていたそうだ。バルサミコ酢でうがいしたり、沐浴《もくよく》、燻蒸《くんじょう》するのに使ったり、強壮剤として飲んだり、暖炉に数滴を落として空気を浄化するのに使用したり。酢で湿らせた布を携帯していた人々もいたという。

１６３０年、ペストが流行する中で書かれた1通の手紙が、酢の使用法について語っている。モデナ出身の歴史家ルドヴィーコ・アントニオ・ムラトーリ（１６７２-１７５０）も、感染しないように、酢が主成分の薬の作り方をたくさん集めた。作曲家のジョアキーノ・ロッシーニ（１７９２-１８６８）は、バルサミコ酢のおかげもあって、壊血病が治ったと手紙に書き残している。病気がちであったモデナ公フランチェスコ4世は、バルサミコ酢を旅のときも手放さず、いつも携帯していたとか。

バルサミコ酢の「バルサム性」は、これらのことによってだいぶ裏付けできると思う。過去を振り返ると旅に携帯されるということもあったが、やはりバルサミコ酢は、キッチンが最適な場所であると感じる。非常に幅広い用途で使用でき、あらゆる料理に使われる。

なぜ「アチェート・バルサミコ・トラディツィオナーレ・ディ・モデナ」が他の酢と違うのか、わかりやすく説明したい。たとえばワインビネガーは、ワインの発酵によってできるもので、ワインのアルコールが酢酸になったものである。

それとは根本的に違って、バルサミコ酢は、できるだけ収穫を遅らせたモデナ特産のトレッビアーノ種などの白いブドウの搾り汁で造られている。収穫を遅くすることによって、ブドウがいっそう甘くなるのだ。

ブドウの搾り汁は発酵が生じる寸前に濾《こ》され、蓋のない容器に入れられる。それから弱火にかけられ、何時間もゆっくり煮詰めていく。どのくらい煮詰めるかは、造り手にもよるらしいが、30〜70%まで量を減らすらしい。煮詰めて濃縮されたブドウの搾り汁（モスト・コット）は濾して冷まされ、デカント（不純物を沈めて底に溜めること）される。

その後、モスト・コットは建物の一番上の部屋にある木樽（一見大きさも種類もばらばら）に入れられる。この方法は、伝統の一部というだけではなく、バルサミコ酢の醸造において、非常に大事な過程である。それぞれの職人のこだわりがあるだろうが、5つの樽が1セットとして使われ、だいたい次のような大きさと材質である。

60リットル入りのナラ、50リットル入りの栗、40リットルの桜、30リットルのトネリコ（または桑）、最後に20リットルの桑（またはビャクシン）。新しいモスト・コットは60リットル入りの樽に流し入れられる。その前に、最小の樽から、最も熟成されたバルサミコ酢を半分ほど取り出して、ボトルに入れたり家庭使用のためにとっておいたりする。そして、30リットルの樽から酢を取り出し、20リットルの樽に入れ、40リットルの樽から酢を取り出し、30リットルの樽に入れ、これを繰り返す。つまり、順を追って、酢を入れ替えていく。最も新しい酢は最も大きな樽にあり、最も古いバルサミコは最も小さな樽にあるわけ。

樽の酢は夏の暑さと冬の厳しさにさらされ、販売されるまで、少なくとも12年はかかる。商品の種類は2つしかなくて、熟成12年のアチェート・バルサミコ・トラディツィオナーレ・ディ・モデナと熟成25年のアチェート・バルサミコ・トラディツィオナーレ・ディ・モデナ・エキストラヴェッキオ。

さらに、容器まで指定されていて、現在はジョルジェット・ジュジャーロという名高いデザイナーの作品だ。ミニチュアみたいな可愛いボトルは、100ミリリットル入りである。

1987年にブドウの品種や産地、製造過程などがすべて、法律によって限定された

02

02モスト・コットを木樽に詰め、最上階の部屋で熟成を待つ。
03試飲のために樽の栓を開ける。

アチェート・バルサミコ・トラディツィオナーレ・ディ・モデナ。その質は醸造業者協会によって、厳しく守られている。醸造業者協会は毎年、それぞれの醸造者から提出されるサンプルを、厳格に、慎重に審査する。もし、サンプルが審査にパスしなければ、翌年の審査に回されることになる。審査に通ると、一つ一つの製品の包装に協会の保証印が番号付きで打たれ、販売ルートに乗る。もし、醸造業者協会が認定していないのに、市場にアチェート・バルサミコ・トラディツィオナーレ・ディ・モデナという名の製品を流通させれば、法的な争いになる。いままでに裁判で負けた会社もあるという。

バルサミコ酢の値段は高い。そのうえに、量が少ない。それなら、うまく使って元を取り戻したいという大阪風の主婦の叫び声が聞こえてきそう。

イタリアの食通たちによると、バルサミコ酢の使い方には、基本的かつシンプルな決まりがある。それは倹約して（多くても1人につき小さじ1杯の割合で）使うこと。それから、調理の仕上げに使うこと。

バルサミコ酢を調味料として使える料理は驚くほど多くて、前菜からデザートまでいろいろある。魚の前菜にはレモン代わりに（カルパッチョやローストビーフにも使える）。定番は、サラダのドレッシングである。

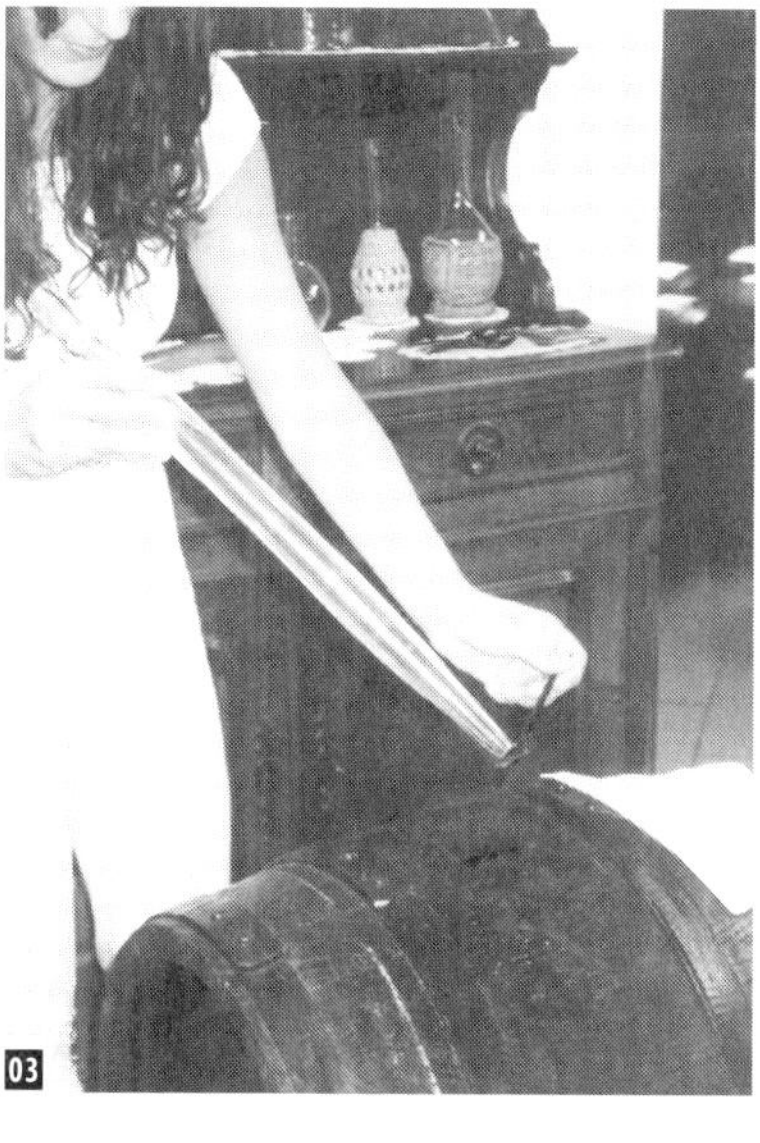

03

イタリア人のサラダドレッシングといえば、塩とオリーブ油と酢だ。日本でおなじみのイタリアンドレッシングやフレンチドレッシングなど、あらかじめ調味した類のドレッシングは存在していない。だから、酢が最も使われるのはサラダである。ほとんどの場合、仕上げに入れるバルサミコ酢だが、おいしくサラダを食べようと思ったら、まず塩を入れて、そして酢を入れてよく混ぜ、最後にオリーブ油（言うまでもなく、エキストラバージン）を入れる。酢の前にオリーブ油を入れてしまうと、野菜に酢が滲み込まなくなるためである。

パスタやリゾット、牛、豚、小羊、ウサギなどの肉料理、ウナギ、カワカマス、スズキ、舌ビラメ、タラ、エビなどの魚料理にも、バルサミコ酢を入れると、独特な風味が加わり味が豊かになる。デザートに使ってもおいしい。少しアイスクリームにかけたり、イチゴにかけたりするのもいい。珍しい使い方と思われるかもしれないが、バルサミコ酢はもともと甘酸っぱいため、甘いものに使っても不思議ではない。

だが、この使い方は本物に限る。偽物をイチゴにかけるのはバカげている。半世紀以上熟成したとても古いバルサミコ酢だと、料理に使うより、そのまま食後にリキュールのように飲んだ方がいい。バルサミコ酢は年月を重ねれば重ねるほど、長く寝かされた樽の木材の香りをたくさん吸っていて、風味が濃くなりがちで、料理に合うように使うのは簡単ではない。

伝統的なバルサミコ酢の味を、言葉で説明するのは難しい。まず、つんとせず、そのまま飲んでも喉に全然引っかからない。さらさらではなくて、少しこってりと感じるが、しつこくはない。私は小さじ1杯の酢に少しハチミツを足して、水で割って飲んでいる。喉が渇いているときに、贅沢な一品だ。

バルサミコ酢はさまざまな面ですぐれ物だ。その独特な味や料理にもたらすプラスアルファがなんともいえず良い。自然な材料だけを使って造られているのも良い。私たちの食べ物には、遺伝子組み換えのもの、添加物、農薬などの怖い成分がいっぱい含まれている。食品の危険度がどのくらいかを把握できない時代に、昔から変わらず超丁寧に造られた、超健康的なバルサミコ酢がいただけるなんて、ありがたいことだと思う。

マルピーギという醸造業者を訪れたとき、樽が置いてある屋根裏部屋の床掃除に、合成洗剤などの洗浄剤は全く使わないと聞いて、びっくりした。洗剤などの化学物質の影響で、酢の香りが変化してしまう恐れがあるから、という話だった。

私がバルサミコ酢を大好きな点は、もう一つある。親が造った酢を子どもが飲む。そしてその子どもが自分の子どものために酢を造る、という繰り返しが、代々受け継がれてきたことだ。それがバルサミコ酢の一番の秘密であるのかもしれない。

醸造業者マルピーギによると、イタリア人はバルサミコ酢を購入する前に、多少説明を受けなければ納得しないという。酢は安いものだと思い込んでいるらしい。その反面、日本人のお客さんは、高い値段でも、びくともせずにすぐ買ってくれるという。

（マリレーナ・マリンチョーニ）

10 絶品チーズ、パルミジャーノができるまで パルマ①

「パルミジャーノ・レッジャーノ」というチーズがある。すりおろして粉末にして食べるのが一般的だが、スーパーなどでパルメザンなんとかの商品名で売り出されている粉チーズとは全くの別物である。缶入りの粉チーズは、大きな食料品メーカーによって、大量生産されている。ちなみに「パルメザン」は「パルマの」を意味する英語である。一方、本物のパルミジャーノは、職人一人一人によって、1個ずつ作られている。当然、この章ではパルメザンなんとか（何でできているのかしら）の缶入り粉チーズ類は取り上げない。何世紀も前から味が変わっていないと言われているパルミジャーノ・レッジャーノの話をしたいと思う。

★パルマ（Parma）　エミリア - ロマーニャ州パルマ県。エミリア街道沿いにある人口約19万人の町。18 - 19世紀にブルボン家の支配をうけ、フランスの影響下でスタンダール『パルムの僧院』の舞台となった。イタリア・オペラを代表する作曲家ジュゼッペ・ヴェルディの出身地としても有名。

60年以上前に創立したパルミジャーノ・レッジャーノ・チーズ協会が断固たる構えで守ってきて、これからも守っていくことになるだろうチーズ。イタリア人なら誰でも知っている、パルミジャーノ・レッジャーノは、エミリア - ロマーニャ州のごく限られた地域でしか作れないものである。

なんだか、バルサミコ酢と似たような状況だな。そう、その通り。おまけに、バルサミコ酢の生産地と重なる地域もある。そのうえなんと、生ハムの生産地もこのあたりだ。さすが、イタリアングルメの総本山、エミリア - ロマーニャ州！

名前の由来だが、パルミジャーノはパルマ市に、レッジャーノはレッジョ・エミリア市に由来する。パルミジャーノ・レッジャーノの生産範囲を詳しく見ると、ボローニャ市（レーノ川の左側）からマントヴァ市（ポー川の右側）、モデナ市、パルマ市、レッジョ・エミリア市といった地域が含まれている。各地域に点々とある、600弱のパルミジャーノ・レッジャーノ・チーズ工場に、およそ8000ヵ所の酪農場から牛乳が毎日運ばれる。

パルミジャーノ・レッジャーノの生産方法は、もちろん法律によって定められているけれど、法律より厳格な基準を設定することで、より安全なチーズであることを保証して消費者に提供することができる。協会からもらった関連資料を読んで驚いたのは、乳牛の飼料に関する細かい指導である。

日本も影響を受けた狂牛病（BSE）は、よく知られているように、ヨーロッパ連合を何度も恐怖にさらした。もし全ヨーロッパの酪農家に、パルミジャーノ・レッジャーノを製造するための牛乳の「提供者」(乳牛)の飼料と同じ飼料を使用することが義務づけられていたなら、狂牛病の発症はなかったのではないか。

パルミジャーノの乳牛は、決まった飼料作物しか食べない。種類はこれもまた細かく決められている。興味深いのは、飼料作物の35%が同じ酪農場の生産物でなければならないことである。また、その75%はパルミジャーノの生産地域のものでなければならない。ほかにも、サイロ(貯蔵施設)で保存された飼料を与えるのはダメ、遺伝子組み換えの飼料はダメ、汚染された土地の飼料はダメ、動物性のあらゆる餌はダメ、など。

エコロジストを喜ばすためにわざわざ決めたような決まりだが、おいしく、質の高い、誰もが安心して食べられるパルミジャーノを作るために、やはり乳牛の飼料から厳しく決めていくことによって、缶入りのなんとか粉チーズとはっきり差をつける。安全性だけではなく、もともと味だけでも十分に差をつけているけれど。

イタリア人にとって、パルミジャーノはあって当然のもので、どうやって作られているのかを知っている人は意外と少ない。そこで、チーズ工場を訪れるため、今回はじめてパルマ市に行った。そして市民のやさしさと温かさに一目惚れした。どこへ行っても、丁寧に言葉をかけてくれる人がいる。パルミジャーノ協会のイジーノ・モリーニ氏の案内で、サント・ステファノ・チーズ工場を訪れた。モリーニ氏はどんな質問をしてもわかりやすく答えてくれて、工場見学は非常に面白かった。その日は、カナダのテレビ取材も行われており、工場はまるで舞台のようだった。

チーズ工場と言えば、チーズ職人・カザーロの世界である。私はチーズ職人は単に従業員として働く存在だと思っていたが、間違っていた。パルマ地方のチーズ工場の80％は酪農家の協同組合が所有している。それぞれの協同組合はチーズ職人にチーズの生産を任せている。

チーズ職人は牛乳の収集、運搬、工場の燃料、自分のスタッフの人件費などをすべて負担するという。職人だけではなくて、実は独立した経営者でもあるのだ。チーズ職人と協同組合は契約書を交わすが、これが1年契約だったりする。お互いに不満があれば、更新しない。チーズ職人はまるでサッカー選手のような扱いだ。

私が会ったピエトロ・レッリ氏はサント・ステファノ・チーズ工場のカザーロ。やさしいまなざしの持ち主で、印象に残ったのはとても大きな手である。仕事振りは「イタリア人は怠け者だ」という偏見を抱いている人に

01 カザーロ（チーズ職人）のピエトロ・レッリ氏。

見せたいほど凄まじい。経験、体力、勘などを毎日出しきっている。朝は早く、休みがない。「牛は一年中牛乳を出すから」と、20年以上無休で働いてきて、最近息子に代わってもらって、はじめて休暇をとったという。奥さんもカザーロで一緒に仕事をしているが、話はできなかった。

パルミジャーノ・レッジャーノの作り方

[1]夕方に、酪農家から搾りたての牛乳が運ばれる。これを一晩寝かせると、脂肪分が自然に浮き上がり、翌朝取り除かれる。朝にはまた搾ったばかりの牛乳が運ばれる。

[2]1000リットル以上入る巨大な銅鍋に牛乳を混ぜ合わせて温め、前日の残り汁（一晩寝かせて、乳酸発酵が進み、酸性化した液体）を加えて、さらに凝乳酵素（仔牛の第4胃から抽出した酸性物質）を入れる。

[3]凝固してきた牛乳を、最初は手作業で専用の道具（棒の先に鳥かごがついたような形のもの）を使って崩す。その後、機械でかき混ぜながら非常に細かい粒状にする。温度を徐々に上げていくと、粒子は水分を失い、少しずつ塊になっていって、大鍋の底に沈む。

[4]塊を2つに分けて布で包み、鍋から取り出す。しばらく水切りしてから、塊を型に入れる。チーズはここではじめて、太鼓のような、タイヤの

ような形になる。この際、チーズにマーキング・バンドでパルミジャーノ・レッジャーノを特徴づける点状の印と、製造した工場の番号と年月が刻まれる。

大銅鍋に1000リットル強の牛乳を入れて、2個のパルミジャーノの塊ができることになる。実は、熟成した1個のパルミジャーノは24〜40キロの重さがある。結局、1キロのパルミジャーノを作るためには、16リットルの牛乳と2年間の熟成が必要である。

5 2〜3日寝かせた後、チーズを型から出して、20〜24日塩水に漬ける。これによってちょうどよい塩味になり、また塩が天然の保存料の役目を果たす。

6 次に、板に載せて最低12ヵ月間、保管倉庫で熟成させる。熟成期間中に、ときどき機械でチーズを磨き、ひっくり返して元の場所に戻す。だいたい20〜24ヵ月の熟成をへて、やがて食卓に登場するのだ。これより長く熟成させたものはさらに絶品で、なおさら値段が高くなる。

7 熟成させたチーズは、そのまま売ってはいけない。最後の試験をパスしなければ、「パルミジャーノ・レッジャーノ」とみなされない。試験官は協会が派遣する検査官。医師のような白衣をまとって、チーズを叩いたり色を見たりして、1個ずつの「声」を聞き判断を下す。すべての条件を満たすパルミジャーノには、最終的に協会の検証印、

02 固まって鍋から引き上げられたチーズの塊。
03 型に入れて並べられたチーズの塊。2〜3日寝かせた後、塩水に漬ける。

いわゆる焼き印が押される。不合格になったチーズには、側面の点線文字が全面的に網目（バツ印？）の焼き印でつぶされる。

「パルメザン」という名を使って、パルミジャーノに名前と色しか似ていないチーズがどうしてこんなに出回っているのか、その理由を知るには、半世紀以上前に遡る必要がある。１９５０年代に、協会は「パルミジャーノ」「パルミジャーノ・レッジャーノ」「レッジャーノ」を商標登録した。その際、（英語などの）外国語では登録しなかったという落とし穴があったらしい。ある雑誌でこの記事を見つけて、商売の恐ろしさをあらためて知ったが、日本でのパルミジャーノのイメージは、どちらかといえば、やはり粉チーズの方が強いようである。イタリアでは、料理にかける直前にすりおろして使うため、切り売りしている食料品店で切片を買うのが普通である。

どうやって食べる？

パルミジャーノはいつ、どんなふうに食べるのだろうか。食べ方は、①すりおろして

04完成したチーズは協会の試験官による検査を受ける。合格してはじめて「パルミジャーノ・レッジャーノ」の名が与えられる。

パスタにかける。②前菜またはデザートとして。③セコンド・ピアット（メインディッシュ）として。と、少なくとも3つが頭に浮かぶ。

最も普及しているのは、①である。ゆでたてのパスタに、おろしたてのパルミジャーノをかける。イタリアで生まれ育った人なら、当然の行為である。パスタにかけると、おいしいだけではなくて、相性の良いパスタの植物性たんぱく質とパルミジャーノの動物性たんぱく質の相乗作用さえある。パスタにかける量の目安は、1人当たり10～15グラムだが、どのくらいかけるか、あるいは全くかけないか、はその人の好みによるため、ちょっといいレストランだと、パスタとは別に粉チーズ入れが出てくる。

②として食べる場合は、薄く削ったり小さなキューブにしたりする。③は脇役のパルミジャーノに主役の座を与える食べ方。こうすれば、50～60グラムのパルミジャーノで肉／魚100グラム相当のたんぱく質を摂取できる。

どうして身体に良いの？

いくら「身体に悪くない」と言われ続けていても、できれば口にしたくない保存料や着色剤、防腐剤などが、パルミジャーノ・レッジャーノに少しも使われていないのはうれしい。そしてこれらを加えていないパルミジャーノは当然、身体に良い。子どもやお年寄り、スポーツ選手にパルミジャーノを食べることを勧める理由はいくつかある。

まず第一に、高い栄養価である。パルミジャーノ100グラム中のたんぱく質の含有量は、２００グラムの牛肉や1リットルの牛乳に相当するという。含有率33％のたんぱく質は身体に完全に消化され、すぐ吸収される。つまり非常に消化されやすい。もちろん、カルシウムの含有率も少なくないし、ビタミンA、B2、B12の存在は見逃せない。本当に優れた食べ物である。

見逃せない点はもう一つ。パルミジャーノはおいしいということである。大きな塊で登場するものだから硬いと思われがちだが、硬いのは外の皮だけである。中は適度に柔らかくておろしやすく、専用のナイフで砕くと、小さい破片になる。それをそのままかじったら、癖になるほどのおいしさだ。味は言葉でうまく伝えることが難しいが、酸味は全くなく、やさしくて、まろやかでありながら、こくがある。形と同じように丸くて、とげのない味だ。

この味は、少なくとも８００年前から保たれている。そんな食品って、少ないのではないか。昔の人が食べていたパルミジャーノ、そして私たちが食べているパルミジャーノは絶品だ！

（マリレーナ・マリンチョーニ）

11

至高の生ハム、おいしさの秘訣
パルマ②

イタリアの食べ物の中で、私の大好物は生ハムである。焼きたてのパンに生ハムを挟んで、一口ずつもぐもぐ食べる。パンの澱粉質とハムの塩味が口の中で混ざり合い、新しい味を生み出す。ざまあみろ、ハンバーガー文化！　パンと生ハムで、ハンバーガーのアタックをかわそう。いくらピクルスやマヨネーズや添加物をつけても、パンと生ハムの天才的な素朴さには勝てっこないよ。それほどに、パンと生ハムの組み合わせはめちゃくちゃおいしい。

これは、長い外国暮らしをするイタリア人の妄想ではなくて、たくさんの同国人の考えでもあると思う。某大手ハンバーガーチェーンのローマ進出に知識人たちが猛反対し

★**パルマ**（Parma）第10章を参照。

たにもかかわらず、イタリアもハンバーガーやファストフードにじわじわと征服されつつある（日本ほどじゃないけどね）。でも、イタリアの味がまだまだ健在であるという、うれしい事実も強調したい。

イタリアの味と言えば、主役であるパスタやピザをはじめ、脇役のバルサミコ酢やパルミジャーノなどがある。だが、何より忘れてはいけないのは生ハムである。ハンバーガーショップの代わりに、世界中に、焼きたてのパンに切ったばかりのハムを挟んだ生ハムサンドの店ができれば、どれくらい幸せだろう、という夢を胸にしまって、ここでパルマの生ハムについて書きたいと思う。

生ハムは、豚のモモ肉を塩漬けにした食品である。イタリア語には、豚に関連する表現が多い。日本語で人のことをブタだと言えば、太っている人を連想するが、イタリア語であの男性はブタだと言ったら、太っているというより、みだらな人という意味になる。ブタとは、みだらな人、不潔な人、太っている人を指す。比喩的表現に使うと、豚はとかく軽蔑的な意味になる。

さて、動物の豚は、農家で1年くらい育てられて、12月から1月の寒い時期に屠殺される。たいていは家内工業であるため、家族全員でできるだけ早く豚をばらし、洗い、それぞれの部分に適切な処置をする。肩肉や生ハムになるモモ肉、腸詰めのサルシッチェやサラミ、パンチェッタ（バラ肉を塩漬けにしたもの）、ラード、そしてくず肉などに

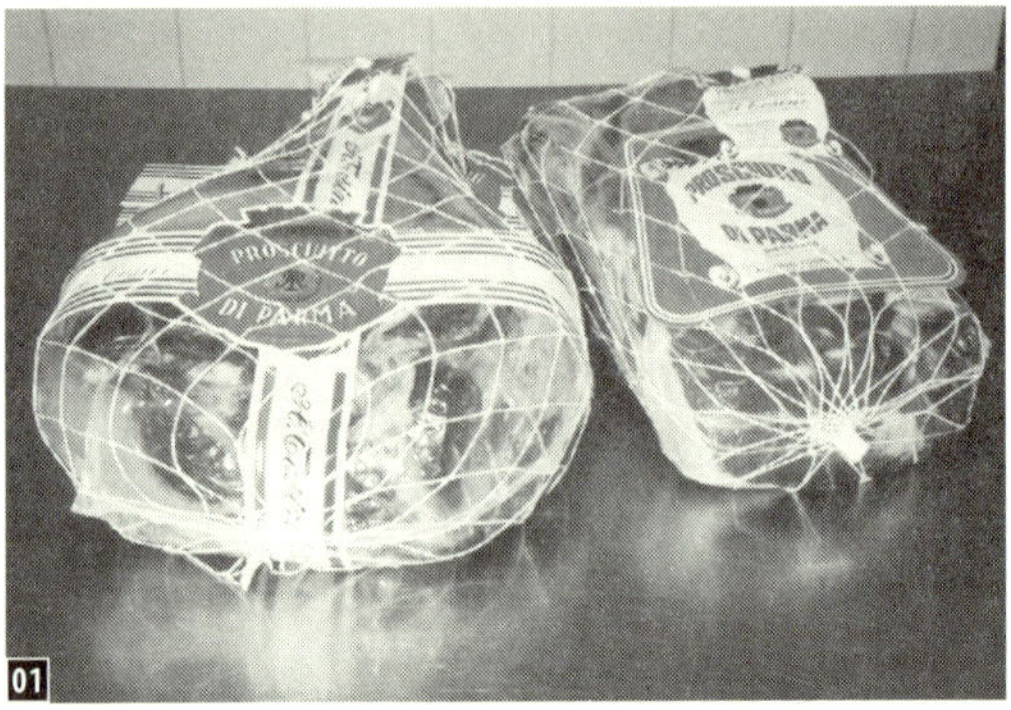

01 パルマ・ハム協会の認定する生ハム「プロシュット・ディ・パルマ」。

なって、生きていれば不潔にたとえられる豚が、いくつものタイプものおいしい食品に生まれ変わって、一年中食べられ続ける。

宗教上の理由で、世界で豚を食べない人々は大勢いるけれど、イタリア人は幸い違う宗教圏にいるため、関係がない。よかった。イタリア中で生ハムが作られているが、自分たちで豚を育ててハムなどを作る人は減りつつある。おいしいハムを食べるため、私は自分の住む地域の信用できる肉屋さんで地元のハムを購入するか、スーパーなどへ行って切り売りのパルマの生ハムを買うか、のどちらかにしている。

私は中部イタリア出身だから、ふるさとの生ハムとパルマの生ハムの味の違いを見分けられて、一段と楽しい食べ方ができる。中部や南イタリアの生ハムは、パルマのものよりも、どちらかというと塩味がきいている。日本人はこの生ハムを試食すると、しょっぱく感じることが多いらしい（パンと一緒に食べたらちょうどいいと思うけど）。パルマの生ハムは、塩だけで保存されているにもかかわらず、塩辛くなく、ほんのり甘い。その甘さはトレードマークである。

1963年に、パルマの生ハムの23業者が集まり、自主運営の民間団体、パルマ・ハム協会をつくった。パルマ・ハム協会は今日に至るまで、パルマの生ハムを守りながら、名声を高めてきた。パルミジャーノ協会に似たような概要で、豚モモ肉加工の伝統的な製造方法に関して厳密な規定を定め、パルマの生ハムの品質を保証し続けてきた。自らの製品に「プロシュット・ディ・パルマ（パルマの生ハム）」という呼称をつけ、原産地、材料、加工法に関する一定の条件を守る生ハムにのみこの呼称を許すことによって、その保護を図っている。

パルマの生ハムの原産地は、パルマ県の一部に限られている。海抜９００メートルまでの高さにある、エミリア街道から南に5キロまでの、西はスティローネ川、東はエンザ川によって区切られた地域に限るである。この地域の特殊な気候がおいしさの秘訣だという。海から吹いてくる風がアペニン山脈を撫でて、パルマの生ハムを乾燥させる。機械が真似できない気候がパルマの気候なのだ。あまりにもユニークなので、海外（フランスなど）から生ハム用の肉をパルマまで送って、そこに預けて熟成させるほどである。

機械が真似できないというのは、どこかホッとするような現実である。ハムをイタリア語で「プロシュット」と言うが、それは「乾燥させた」という意味だ。加工段階で乾燥がどれくらい大事なのかが想像できる。

イタリア固有の製品としてプロシュット・ディ・パルマは、ＤＯＰ（保護指定原産地表示）の認定を受けている。パルマの生ハムの製法には、たくさんの段階がある。その話をする前に、生ハム作りに不可欠な豚の提供者に少し触れたい。適格な豚の産地は、北部と中部イタリアの11の州に限定され、品種も定められている。月齢は9ヵ月以上、体重は１４５キロ以上。誕生から1ヵ月以内に、モモに「身分証明書」にあたる入れ墨をする。そして屠殺の際、ハムになるモモにもう一つの印が加わる。

大好きなパルマの生ハムの製法を見たくて見たくて、パルマ市から20キロくらい離れたところにあるランギラーノという町まで行った。どこを見ても、ハム関係の工場がいっぱいで、ハム好きの人にとっては天国のようなところである。緑が多く、数キロ離れた丘の上には、四隅に塔を持つ巨大なトッレキャーラ城がある。この城は、15世紀に建てられたルネッサンスを代表する建築であるという。このときは、日本人顔負けの厳しいスケジュールを組んでいたため、お城を訪れることができなかったのは残念だ。生ハムを挟んだパニーノを持って、トッレキャーラ城のあたりでピクニックを楽しめたら素敵なのに。

ランギラーノは、工場がたくさんあるにもかかわらず、工場地帯に通常見られるごちゃごちゃとした街並みではなく、住みやすそうな町に見えた。少し無理を言って、アウゾーニオ・トシーニ社の工場を、なんと社長の案内で見学させてもらった。おかげで、生ハム作りの難しさやおいしさの秘訣を確認することができた。

生ハムの作り方

1冷やす――新鮮なモモ肉を、身を引き締めるために24時間冷蔵する。0度まで温度を下げてもいいが、パルマの生ハムの製法では、冷凍してはいけない。

2形を整える――24時間経ったら、「鶏のモモ肉」のような形にするため、端を切り落としたりして整形する。この作業は、形をきれいにする目的のほかに、脂肪と皮の一部を落とす目的もある。そうすることで塩が浸透しやすくなるのである。

③塩漬け——塩漬けは一部手作業で、肉の部分によって作業は異なる。皮の部分に湿った塩、赤身の部分に乾いた塩をすり込む。塩漬けは微妙な作業であり、温度に気を配る必要もある。肉の温度が低すぎると、塩が吸収されにくい。温度が高すぎると、肉が傷む可能性がある。言うまでもないことだが、保存料、添加物などは一切使用されない。塩しか使われず、燻製にもしない。

そして、モモ肉は温度1～4度、湿度約80％の冷蔵室に1週間くらい入れられる。その後、余分な塩が落とされ、また軽く塩漬けされて、さらに15～18日間、冷蔵室に入れられる。この期間にモモ肉の水分が減り、肉にじわじわと塩が吸収されていく。塩加減が生ハムに独特の味をもたらすため、塩漬けは品質を左右する決定的な作業である。

④寝かせる——塩を落としてから、生ハムは冷蔵室に60～90日間寝かされる。この過程で生ハムは乾燥するが、冷蔵室の空気を適度に入れ替えて、乾燥しすぎないように

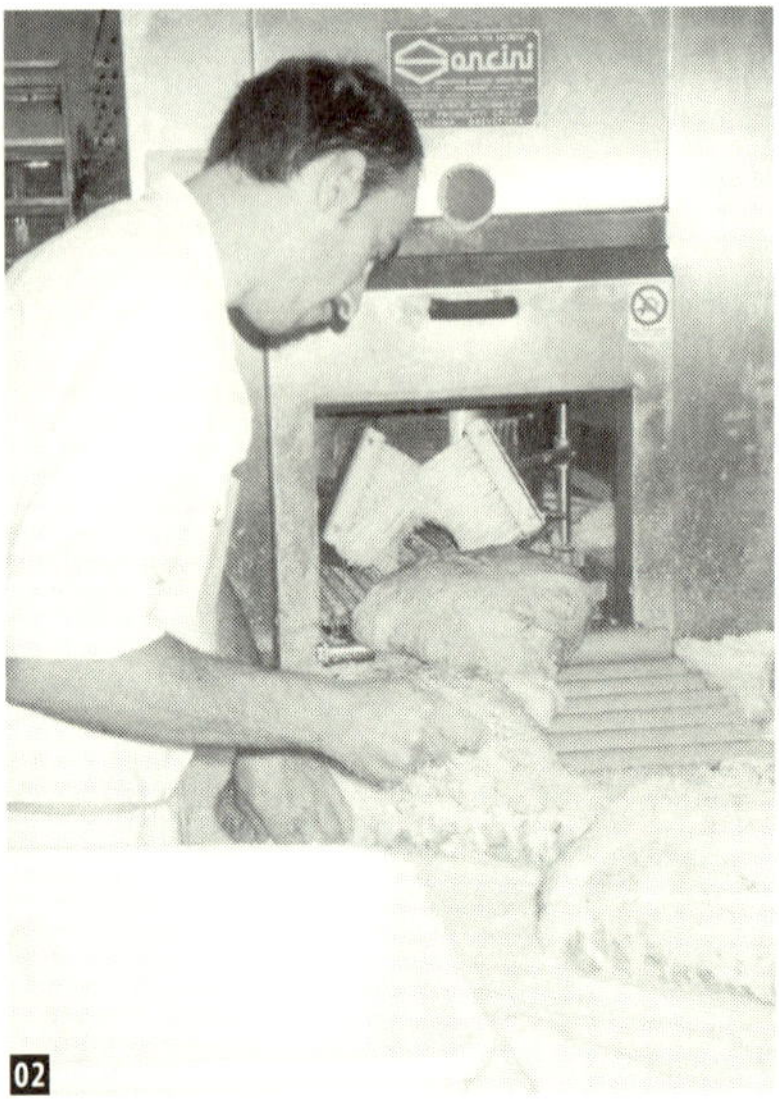

02

03

注意が払われる。この間に、塩が肉の塊の中心まで達して、肉全体に均等に吸収される。

5すすぎ、乾かす――塩や皮についた不純物を完全に落とすため、生ハムをぬるま湯で洗う。その後、自然に乾かすか、または数日乾燥室に入れる。

6 1回目の熟成――広い熟成室に生ハムを一つ一つつるし、自然に乾燥させる。生ハムが少しずつ一定に乾燥するように、熟成室の大きな細長い窓を開けたり閉めたりする。この作業も職人の長い経験に基づくもので、機械に任せられないようである。1回目の熟成は数ヵ月続く。

7ラード塗り――最終的な熟成の前に、ラードを塗る作業がある。1回目の熟成を終えた生ハムの、皮のない部分にラードがすりつけられる。ラード塗りをしなければ、外気に触れる面が触れない内側の部分より早く乾きすぎるからだ。ラードは、豚の屠殺で出る一部であるため、イタリアの法律によって、生ハムの材料とはみなされていない。ラードは塩・コショウと混ぜて、手作業で塗っていく。

8最終熟成――生ハムは最終熟成専用の広い室につるされる。その前に、ハム協会のエキスパートが工場に足を運んで、熟成の年月を記す丸い金属印をつける許可を下すための検査をする。これは、嗅覚に基づく検査である。協会の検査委員がランダムに選ぶ生ハムのサンプルに、大きな針のような道具を深く差し込んで、「におい」を試すのだ。この道具は馬の骨で、肉に差し込むと、においを正確にすぐ吸収するが、抜くとすぐに失うという優れた特質がある。

02 生ハムの塩漬け作業。塩水に漬けたりせず、肉に手で塩をすり込んでいく。
03 余分な塩を落とした生ハムは冷蔵庫の棚に並べられる。寝かせている間に塩分が肉の内部に浸透する。

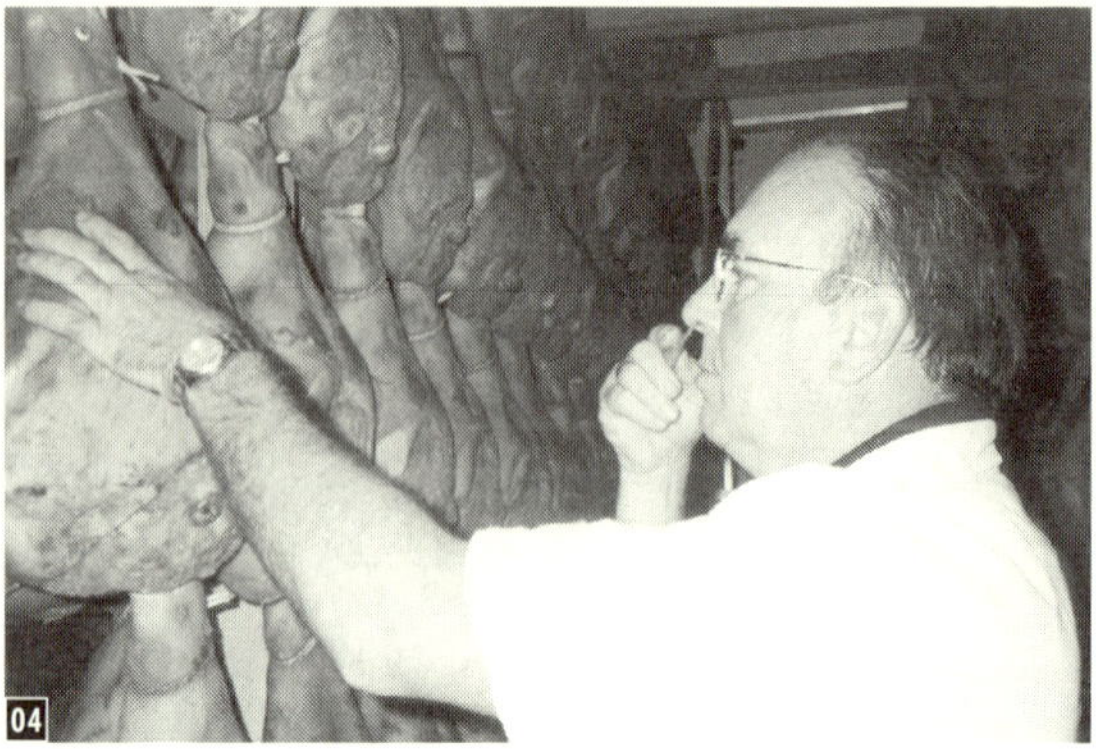

04最終熟成に入る生ハムのにおいを確かめる、アウゾーニオ・トシーニ社の社長グリーゼンティ氏。

トシーニ社を訪れたとき、これを実際にやらせてもらって、なるほどと納得した。生ハムの甘い香りが一瞬にしてそのまま道具に移るため、私のような素人でも、海外の生ハムとの違いは簡単に判断できた。海外の生ハムにはあまり香りがないのだ。印を別にすれば、外見はパルマの生ハムと同じだが、中身は全く別であることがよくわかった。社長さん、ありがとう。

最終熟成の期間は、9キロ以上の生ハムなら12ヵ月以上と決まっている。トシーニ社では、14～16ヵ月に及ぶ。

9焼き印——最終熟成が終わると、生ハムはまたもハム協会の検査を受ける。ここで問題がなければ、やっとハム協会の王冠マークの焼き印が押される。長い加工時期はこれで終わって、ようやく生ハムを販売できるようになる。恐ろしく手間のかかる生ハムの工程である。

トシーニ社の社長グリーゼンティさんの話によると、自分の会社で1年間に生産する生ハムの個数は15万個くらいで、主にイタリア国内とフランスに出荷されるとのことだ。

これからのハム作りの課題を聞いてみたところ、次の世代に対する食の教育が気になっていると言われた。次の世代は、今はまだ子どもだが、今だからこそ彼らに対して働きかけないといけない。子どものうちに生ハムの味を覚えないと、大人になっても購入しないことが懸念される。現代の子どもには食べ物がいっぱいあって、ハンバーガーのような味の濃い食べ物に舌が慣れてしまうと、生ハムの甘さや微妙な味がわからなくなるのではないか、とグリーゼンティさんは心配していた。全く同意見である。

トシーニ社を全部見せていただいて、できたての生ハムの（ひそかにとても期待していた）味見もさせてもらった。絶品でございました！　生ハムの香りが漂う工場から出るのは後ろ髪の引かれる思いだった。これからは日本でも、パルマの生ハム一筋でいこうと決心した。

昔、ハムを食べると太るという偏見があったが、最近は反対に、ダイエットの話題の中でも生ハムが登場するようになった。生ハムはピンクがかった赤みの部分と脂肪の白い部分でできていて、脂肪分を取り除いてしまえば、１００グラムでたったの２８０キロカロリー、たんぱく質含有率は22・75％。でも、生ハム通は、脂肪分をそのままにして食べるという。私の祖父も同じことを言っていた。豊かな時代に生まれた孫たちの食べ方を見て、「全部食べないとよくないよ」が口癖だった。生ハム通じゃなくて、貧乏性だったのかも？

食べ方

日本でもメロンと生ハムの前菜は有名である。生ハムが甘いため、果物と味が合う。メロンに限らず、イチジク、キウイ、パイナップルなどと一緒に食べてもおいしい。トマトがのっていないピザに、モッツァレッラチーズと一緒にのせるのもいい。肉や魚の代わりにメインディッシュとして食べる、またはパンに挟んで最高のサンドイッチにするのもいい。

（マリレーナ・マリンチョーニ）

12

北の3つ星レストラン「ダル・ペスカトーレ」

カンネート・スッローリオ

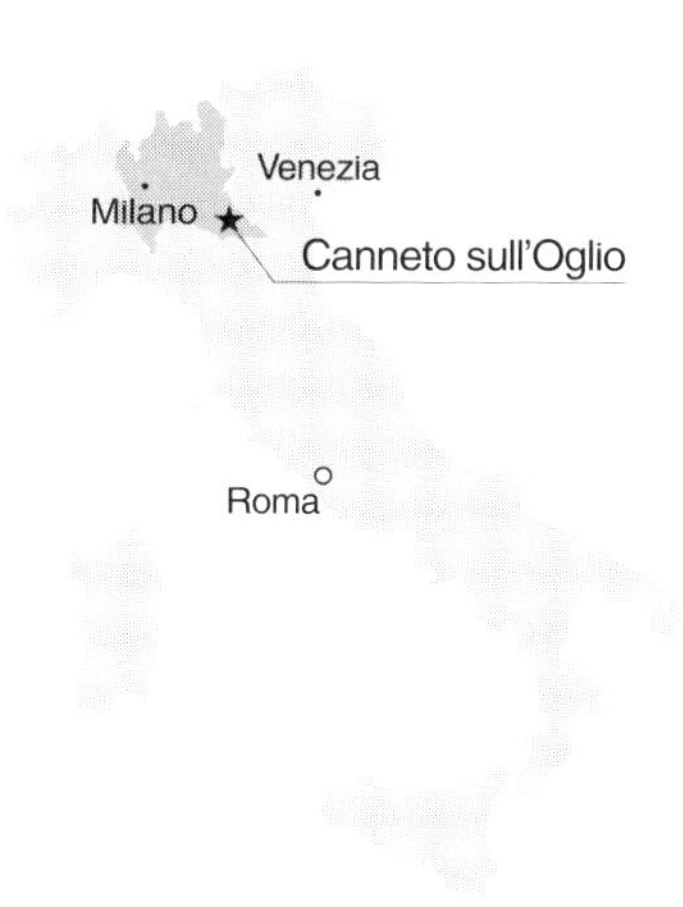

イタリア北部の都市マントヴァからおよそ35キロ。カンネート・スッローリオの駅には、あまり列車が停車しない。これといった特徴のなさそうな、落ち着いた人口5000人に満たないポー川平野の町。駅のすぐそばにホテルもあるが、タクシーは全く見当たらない。

鉄道の経費削減で、駅での切符の販売が中止されたため、帰りの切符を購入するのに、町のタバコ屋さんまでわざわざ出かけていく必要がある。町の中心は鐘楼がそびえる広場、役所や教会、屋外に椅子やテーブルの置いてあるバールなどがある。イタリアでよく見る光景である。低い建物ばかりが並ぶまっすぐな道や小さな道がいくつか交差する

★カンネート・スッローリオ（Canneto sull'Oglio）　ロンバルディア州マントヴァ県。県都マントヴァの西方にある。人口約4500人。20世紀におもちゃ産業で栄えた町で、現在は市立美術館の所蔵するコレクションで往時をしのぶことができる。

この町のどこかに、イタリア一おいしいレストランがあるらしい。着いたばかりの時点では、まごまごしそうになるが、それでもやがて、天下に敵なしというレストランが目の前に現れるのだ！

カンネート・スッローリオは、イタリア初の人形工場（１８８０年頃設立）がある町である。フールガという名の工場がおもちゃ産業の火付け役となったが、１９７０年代の不況の影響で、人形やおもちゃ作りは、今日に至るまでに非常に縮小してしまった。この町の文化を大切にしている市立美術館は、人形の常設展示で知られている。町の経済は農業、おもちゃ産業、木材の加工などで成り立っている。

地名の由来は、オーリオ川のそばのアシの原（アシはイタリア語でカンナという）である。アシが茂る土地、人口が５０００人に満たない人形作りの町に（鉄道の駅で切符が売られていない町に）、世界中のグルメガイドがこぞって掲載するレストランが存在するなんて。この謎で頭がいっぱいだった。

まずはホテルに入り、先に予約を入れてから、その３つ星レストラン「ダル・ペスカトーレ」に出かけた。ホテルのフロントの若い女性２人にこのレストランについて尋ねてみた。この地域だと、知らない人がいないほど有名なところで、地元の人も行く。いずれ行ってみたいとは思うけれど、それほど好奇心はない。なぜなら、マントヴァ料理が出るから。それなら家庭で味わえるから、と予想外の答えだった。場所はどこと訊くと、「ホテルを出て、左」と言われたので、歩き始めた。

歩いても、普通の家しかない。レストランっぽい建物がない。さらに歩いていくと、しだいに家がなくなり、田舎っぽい風景が広がった。私は田舎風景が好きな方だが、予約を入れているため、あまり遅れたくない。レストラン「ダル・ペスカトーレ」の看板はたびたび出てくるけれど、方向を示す矢印しか書いていない。距離が示されていない。でも、歩き続けた。

四方に畑、藪、茂み、木々。でも、「ポー川の平野でよかった、坂道だとたいへんだから」と前向きに自分を励ましながら、歩き続けた。虫の鳴き声しか聞こえない真夏の正午にどうしてここを歩いているんだろうかという疑問を抱きながら、歩き続けた。しんどい、暑い、おなかが空いた――。錯乱状態になる寸前に、やっとたどり着いた。

ここは人口36人の村、ルナーテである。ホテルから3キロも離れていた（どうしてフロントのあの2人の女性は教えてくれなかったのだろう？）。周辺にいくつかの家や畑があって、その中に有名な一流中の一流のレストラン「ダル・ペスカトーレ」がひっそり建っている。道からは、ツタに覆われた建物の白い正面しか見えず、看板が目立たないように設置されている。庭には高級車が何台か停まっていた。

歩いて来た客はたぶん私だけだと悟った。屋内には、人がたくさんいるはずなのに、何の音も聞こえず、静かだった。入り口の前には、手入れが行き届いた落ち着いた庭があった。

なぜこのレストランが、世界中のグルメガイドに載っているのだろうか。謎を解く前

01 緑豊かな庭の奥にひっそりと建つレストラン「ダル・ペスカトーレ」。

に、「ダル・ペスカトーレ」の歴史を簡単に紹介したいと思う。

　遡ること90年余、１９２０年に、現オーナーのアントニオ・サンティーニの祖父アントニオが、現在の自然保護地域オーリオ・スッド公園内の小さな池のすぐ近くにあった漁師の家を購入した。家というよりアシとレンガの小屋だったが、ここが出発点となった。１９２６年に、アントニオはテレーザという女性と結婚し、２人で飲食店を始めた。この店では、アントニオが魚を釣ってきて、テレーザがそれを現地の伝統的なやり方で料理する。１９２７年、長男のジョヴァンニが誕生。成長したジョヴァンニは魚の販売などで家族の仕事を手伝った。１９５２年にジョヴァンニはブルーナと結婚し、嫁と姑は厨房で共同作業をする。「ヴィーノ・エ・ペシェ（ワインと魚）」というそのオステリアは少しずつ発展し、１９６０年に「ダル・ペスカトーレ」と改名された。

　１９７４年に、ジョヴァンニの息子アントニオは、ナディアという娘と結婚した。フランスへの新婚旅行から帰ったナディアもまた、姑と厨房に立った。サンティーニ家の将来は半分保証されたようなものだった。

孫に祖父の名前を付けるのが、イタリアの昔からの習慣である。サンティーニ家では、その習慣はまだ守られているようで、3代目にあたる現在のオーナーの長男の名は祖父と同じジョヴァンニである。

さて、アントニオとナディア夫婦に最も似合う言葉は「2人3脚」。厨房を担当するナディアの素晴らしい料理の才能、客をもてなすアントニオのフランクな上品さやマネージメントの力によって、「ダル・ペスカトーレ」はミシュランガイドで3つ星マークを獲得するレストランになった。

話を戻そう。素敵なお庭の裏には、アヒルやカモなどが放し飼いされており、野菜畑もある。材料に対するこだわりについて、ここで説明する必要もないだろう。自分たちで育てた動物や野菜を料理に活かす。他の食材も慎重に慎重を重ねて、値段を気にせずに選ぶ。手作りパスタに欠かせない小麦粉は1代目のときからずっと同じ仕入れ先で、仔豚はトスカーナ州から仕入れ、パルミジャーノはパルマの生産者から仕入れる。年に1、2度は生産者の元を訪れる。自分たちの目で確かめ、納得した上ではじめて、その材料を使った料理を客に出すのだ。

食材の厳格な選択はともかく、他のこだわりもある。たとえば、生パスタ作りに必要な板。ローマでパスタ作りを披露する際、ナディアは柳の木でできた「自分専用の」板を列車で運んで行ったという話もある。

レストランは別荘のようで、3つの広い部屋で食事ができるようになっている。そのほかに、暖炉がある2つの田舎風サロンがあり、ここではタバコやリキュールを楽しめる。スタッフの心配り、サービス、笑顔は満点で、彼らのやさしさが印象に残る。客はそれほど大勢ではないのに、スタッフが多い。リストラばかり実施する企業に見習ってほしい！　人間が十分に関わらないと、いいサービスができないってことだ。そのために客の人数は制限されている。そういうポリシーがあるのだ。

レストランに入って最初の印象は、違う次元に踏み込んだという戸惑いだった。外の真夏の静かな田舎風景と中のコントラストがあまりにも強烈で、別世界に入ってしまったのではないかと真剣に思った。アヒルが放し飼いされている外の世界と、中の映画のセットのように完璧な世界がかもし出す雰囲気の差が激しい。

メニューは季節ごとに変わる。地元の料理をベースにして、新しい試みを成功させ続けるナディアの料理は残念ながら言葉では語れない。メニューはコース料理と一品料理があり、肉料理（仔牛、仔豚、カモなど）の他に、伝統に基づく川魚料理（ウナギ、カワカマスなど）が特徴である。地域との深いつながりが一皿目の料理（パスタ、スープ、リゾットなど）からうかがえる。たとえば、かぼちゃのトルテッリ（ラヴィオリのような手作りパスタ）やナマズとあさつきのリゾットがある。イタリア料理のステレオタイプであるトマトソースのスパゲッティは、もちろんない。

もう一つ、とても気に入った点を挙げれば、テーブルとテーブルの距離である。それぞれのテーブルが非常に離れていて、隣のテーブルの人たちの話が気にならない。日本に長く暮らすと、こういうことに敏感になってしまう。日本でレストランへ行くと、コートを掛けるところもなくて、コートを膝の上に丸めておくしかなかったり、テーブルとテーブルの間が狭くて、人の話がすべて聞こえてしまったりすることがよくあるから。

イタリアの料理雑誌にインタビューされたとき、世界のポール・ボキューズ氏がこう言った。「もし、サンティーニになることができるのなら、私が40年以上の間に築いてきた成功や名誉などを、全部譲ってしまってもいい。私にとって、『ダル・ペスカトーレ』は世界一のレストランだ。サンティーニたちは料理として理解するべきことを全部理解し尽くしている。アントニオの父は野菜畑の世話をし、魚を釣る、アントニオの母はパスタを作り、ナディアは女神のように料理を作り、アントニオは古くからの友人であるかのように客をもてなす」。

もう一つ付け加えておこう。ナディアとアントニオにはじめて出会ったとき、素敵な夫婦であることが確認できた。世界的に有名になっても、ナディアは気さくでかわいい人のままで、私のような赤の他人とも話ができるすばらしい女性だ。取材協力に感謝します。

（マリレーナ・マリンチョーニ）

02 「ダル・ペスカトーレ」のオーナー、ナディア（左）とアントニオ（右）・サンティーニ夫妻。

13

南の2つ星レストラン「ドン・アルフォンソ1890」
サンターガタ・スイ・ドゥエ・ゴルフィ

カンパーニア州といえば、まず頭に浮かぶのがナポリである。「ナポリを見て死ね」という諺《ことわざ》を知らない人はいないだろう。私としては、ナポリに住みたいとか遊びに行きたいなどとは思わないのだが、外国人にとって、魅力がいっぱいある都市であることには違いない。あの狭い道に入ったら、時間の流れが止まっているのではないかと疑うほど、ローマなどでは見かけなくなった、昔ながらの独特な光景に遭遇できる。古い建物が立ち並ぶ地域で、中庭をふと見たら、老人が靴を直していたり、若い男性が椅子に座って空を見つめていたり、主婦が自宅で野菜を販売していたり。頭に洗濯物を乗せて歩く女性が現れても違和感を覚えない異空間が、ナポリではいまも確かに存在している。

★サンターガタ・スイ・ドゥエ・ゴルフィ
(Sant'Agata sui due Golfi)　カンパーニア州ナポリ県。ナポリ市から約60キロ南方に位置するソレント半島の中程にある丘の上の町。カプリ島やポジターノ、アマルフィといった周辺のリゾート地からも近い。レストラン「ドン・アルフォンソ1890」は町の中心にある。

ナポリといえばピザ発祥の地で、パスタの総本山でもあるけれど、南イタリアで唯一の2つ星レストランはナポリ市内からは離れている。ナポリ駅から電車に乗り、1時間くらいかけてソレントに行き、そこでバスに乗り換えて、サンターガタ・スイ・ドゥエ・ゴルフィという小さな町までカーブだらけの坂道を上がっていく。地名の「ドゥエ・ゴルフィ」は2つの湾を意味する。ナポリ湾とサレルノ湾の境を成すソレント半島のサンターガタからは両湾が見渡せ、なんとも言えない絶景である。カプリ島も近く、植物の緑、海の青、レモンの黄色で両目が刺激される。

レストラン「ドン・アルフォンソ1890」は別荘のような建物で、よく見ると3階建てでずいぶん立派である。入り口には旗が掲げられ、ピンクの壁に「ドン・アルフォンソ1890」と書いてある。もともとアルフォンソ・ヤッカリーノという人が1890年に、ここにホテルを創業。1973年に、3代目にあたるアルフォンソの孫のアルフォンソ（祖父と同じ名前）が、幼馴染みでもある妻のリヴィアとレストランを開業した。2人とも、それぞれの家族に強く反対されながらのスタートだった。1983年にホテルを閉鎖して料理に集中することにしたが、1992年に改造し、現在は小さいスケールではあるけれど、宿泊機能も充実させている。

レストランの雰囲気は言うまでもなく上品である。それぞれのテーブルに生花が飾られて、サービスも申し分ない（スタッフの1人は日本人だった）。リヴィアが丁寧に料理の説明をしてくれて、アルフォンソ本人も厨房から出てきて、挨拶をした。

メニューを見ると、芸術的な料理の名前が想像力と食欲をくすぐる。「シュールレアリズム風ナスビのパルミジャーナ」「オマール海老の水彩画、バジリコとトマトのゼリー添え」など。肉料理が少なくて、魚料理が比較的多い。地元のチーズも使われている。

メニューは一品料理か、2つのコースから選ぶことができる。私は今回、安い方のコースを選んだ。手作りのパンは4種類で、白が2種類と、緑（ハーブ入り）、オレンジ（トマト入り）があった。前菜は、メロンソース添えの揚げたズッキーニの花である。

日本ではまだあまり知られていないけれど、ズッキーニの花は食べられるし、おいしい。もちろんそのままではなくて、花の中に丁寧にアンチョビとモッツァレッラ・チーズを詰め、衣をつけて揚げる調理法が最も一般的である。この有名レストランで食べたズッキーニの花は、口に入れた瞬間に溶けてしまった。あまりにも早いプロセスだったため、口の中でおいしさを味わう時間さえなかった。絵のような皿に花は1つしか載っていなかったので、2度と試すことができない。ああ、もっと食べたかった！

コースのパスタの前には、サービスとしてラヴィオリに似たハート形のフライ、パンツェロッティが出された。数回発酵させたパンツェロッティの皮はあまりにも軽くて、まさか油で揚げたなんて、言われるまで気づかなかった。中はクリーム状になったリコッタ・チーズとバジリコが入っていて、言うまでもなく絶品だった。

パスタ料理のプリモ・ピアットはフジッリというらせん状のパスタで、青魚とハーブなどのソースがかかっている。トマトがベースではない。アルデンテで、全く味わったことのない新しい味だった。メインディッシュのセコンド・ピアットは、アクアパッツァ風のソコルファノ（カサゴの一種）。トマト、オリーブ、ケーパーといったいかにも地中海っぽい材料が、伝統への敬意を表していた。4種類のチーズも味わって、最後にもう一つ、伝統的な地方の代表菓子、シナモンクリーム添えのスフォリアテッラを食べた。満腹になって、これでまたも太ってしまったと自覚しながら、帰路についた。

ただし、正直に言うと、少し腑に落ちない点があった。生花はもうちょっときれいなのが選べるんじゃないかという点と、日本人が2組別々で来たのに、（テーブルがいっぱい空いているのに）とても近いテーブルに座らせた点だ。後者について言うと、日本人たちは孤立したような状態になり、私もイタリア人であるとはいえ長く日本に滞在する者として、不快感を覚えた（彼ら自身はなんとも思っていなかったかもしれないが、もう少し離れたところに座らせてあげればもっと心地よかったのではないか、というのが私のお節介）。最後に、やっぱりテーブルとテーブルの距離が「ダル・ペスカトーレ」に比べたら近い。そのために、隣のテーブルのざわめきが気になった。私は料理評論家ではないけれど、ここでちょっぴり「心地よさ」の評論家になってみた。口うるさすぎるかしら？

「ドン・アルフォンソ1890」と前章で取り上げた「ダル・ペスカトーレ」には共

通点が多い。両方とも、夫婦で切り盛りしていて１９７０年代にスタートし、立地条件が決していいとは言えないにもかかわらず、評判がいい。家族構成も似ていて、アントニオとナディアにも、アルフォンソとリヴィアにも、２人の息子がいる。ただ、夫婦の役割分担は違う。「ドン・アルフォンソ１８９０」の場合、シェフは夫が担当し、注文を取るのがリヴィアである。

さらに、材料選びの厳しさも、自家製の素材にこだわる点で共通している。「ドン・アルフォンソ１８９０」の方が規模が大きくて、ヤッカリーノ家は「レ・ペラッチョレ」という農場を経営しており、レストランで使うオリーブオイル、野菜、ハーブなどは自分たちで有機栽培している。

もう一つの共通点は、地元の伝統、料理、食材に対する追求心や尊敬やこだわりである。地元について勉強し、知り尽くしてこそ世界に通じる料理が生まれる、という隠れたメッセージが読み取れる。

（マリレーナ・マリンチョーニ）

14

自然が育むおいしさ
アブルッツォ州・モリーゼ州

それほど力をこめているようには見えない。ただ繰り返し畳み込んでは、木の板の上を転がし、まるめ、撫でまわし、また畳む。それだけなのに、ただの小麦粉と水と一つまみの塩が、みるみるうちにしっとりとつややかなパスタ生地になっていく。

もう80を過ぎた姑の生地作りは、どこまでもゆっくり進むように見えた。けれどそのゆるやかな手つきには、無駄な動きがこれっぽっちもないに違いない。いったいこの人は長い一生の中で、何トンの小麦粉をこねたことだろう。よく手入れはされているけれど、リューマチですっかり節くれだってしまった2つの手が休みなく働くのを眺めながら、彼女が生まれ育ったモリーゼ州の、果てしなく広がる麦畑を思い浮かべた。

★アブルッツオ州（Regione Abruzzo）
アドリア海に面したイタリア中部の州。州都はラクイラ。州人口は約134万人。アペニン山脈の最高峰コルノ・グランデ（2912m）を擁し、州面積の約3分の1が国立公園か州立公園に指定されている自然豊かな地域。山と海へのリゾートに年間を通して多くの観光客が訪れる。

同じイタリアの手打ちパスタでも、地方によって小麦の種類や材料の配合がずいぶん異なる。プーリアやモリーゼなどの南部では、強力粉しか使わない。耳の形に似ているから「オレッキエッテ」と呼ばれるこの地方独特のパスタの生地は、卵もほとんど使わず、強力粉と水と塩だけでこねあげる。昔この地方では、もっぱら硬質小麦しか耕作されていなかったから、自然なことなのだろう。手打ちパスタで最もポピュラーな、きしめん風の「フェットゥッチーネ」とか「タッリャテッレ」などは、だいたい薄力粉と強力粉が半々で、卵も小麦粉100グラムにつき1個くらい使う。これはローマではもちろんのこと、全国的にも基本のレシピのようだ。それがウンブリア州に行くと、卵をほとんど入れない、見かけも日本のうどんによく似た白くて太いパスタが作られている。また卵入りのパスタなら、薄力粉だけで作ったりする。そのことを、実家が硬質小麦を栽培する農家だった姑に話すと、薄力粉だけのパスタなんて、とあからさまに顔をしかめる。

姑の実家の小麦畑はとうの昔になくなっていた。安い外国産の輸入小麦に押されて、南イタリアの代表的な風景だった、丘という丘を覆い尽くす麦畑は、戦後みるみる消えていってしまった。いまでもアブルッツォとモリーゼには、イタリアを代表する銘柄のパスタ工場が集中しているけれども、使用されているのはカナダ産とかトルコ産の小麦だそうだ。そう聞くと少し寂しい。

けれど、ちょっとうれしくなる話も聞いた。日本でも近頃売られている、青いパック

★モリーゼ州（Regione Molise）　アブルッツォ州の南に位置する、イタリアで2番目に小さな州。1964年にアブルッツォ州から分離して成立した。州都はカンポバッソ。州人口は約32万人。豊富な自然資源を生かして近年観光化が進み、中世の町並みが残る海辺の町テルモリなどは、夏に多くの海水浴客でにぎわう。

の乾燥パスタの大手デ・チェッコ社の工場がある、アブルッツォ州のファーラ・サン・マルティーノを訪れたときだ。その工場に30年近く勤める知人に、パスタ作りに使用する湧き水の水源に連れて行ってもらった。手作りならいざ知らず、それだけで一つの町のように巨大な工場で毎日大量生産されるパスタが、標高2800メートルのマイエッラ山の天然の湧き水を原料にしていると知って、本当に驚いてしまった。さらに、その水量の豊かさを見て、もっと驚いた。山腹にぽっかりと開いたトンネルから、ごうごうと滝のように流れ出ている。その水しぶきで、8月なのに肌寒く感じるほど、あたりの空気はひんやりしていた。

デ・チェッコ社は昔、交通の便の良い平地に第2の工場を作り、この湧き水をトラックで輸送してパスタを作ってみたが、同じ味にならなかったという。その工場はまもなく閉鎖された。それだけではない。ファーラ・サン・マルティーノの工場の規模を拡張したとき、この湧き水を工場に引き込む導管も100メートルほど伸ばしたら、それだけでパスタの味が変わってしまったという。そこで、水を使う生産工程をできるだけ水源地に近づけるために、工場全体の設計を変更しなければならなくなったそうだ。生産がオートメーション

01 マイエッラ山から湧き出る水の流れ。デ・チェッコ社では、この水を工場に引き入れてパスタを生産している。

化されても、味に対する昔ながらの職人のこだわりは受け継がれている。わが家で作る何の変哲もないパスタ料理も、マイエッラの天然水かと思うと、ちょっとおいしく感じられるというものだ。

ローマに、「スキャーヴィ・ディ・アブルッツォ」というレストランがある。「アブルッツォの奴隷」なんて変な名前だと思ったら、それがアブルッツォ州にある小さな町の名だと教わった。そういえば、モリーゼ州の港町テルモリの近くにも、サン・ジャコモ・デイ・スキャヴォーニという、やっぱり奴隷と名のつく町がある。奴隷を意味するスキャーヴィとかスキャヴォーニという言葉は、もともとスラブ民族をさすスラーヴィという言葉が変化したものらしい。というのも、今から500年も昔に、このあたりの荘園を耕す農民として、海の向こうのスラブの民クロアチア人が、この地に大勢で移り住んだからだ。やがてその移民たちが核となって生まれた町、サン・ジャコモ・デイ・スキャヴォーニでは、今でもクロアチア語の方言が話されているのだから、面白い。

同じように、昔、時には労働者として、また時にはトルコ軍の侵攻を逃れる難民として、アルバニアからも多くの民がアドリア海を渡ってイタリアに移り住んだ。そうして彼らが建設した町が、モリーゼ州やプーリア州の海岸部にいくつかある。もう4、500年も昔のことだから、今の町の住人はもちろん正真正銘のイタリア人のはずなのに、それらの町で話される方言も、やはり今なお「アルブレシュ」という古アルバニア語だ。私の姑も、アルブレシュの町ウルーリで生まれ育った人で、アルバニアから来たばかりであまりイタリア語を話せないお手伝いの女性と、アルブレシュを使って会話しているのを見たときはびっくりした。現代のアルバニア語とはずいぶん違うところもあるが、意思の疎通はできるそうだ。

わが家では、毎年8月15日の聖母被昇天の祝日には、アブルッツォの友人宅を訪ねるのが慣わしのようになっている。招いてくれるのはニーコとドーラの夫婦で、普段はスルモーナに住んでいる彼らが、夏の間は避暑のためにロッカ・ピアという山あいの村に移り住む。そこに8月のその日は毎年きまって、昔からの友人たちが集まるのだった。

古代ローマの詩人オヴィディウスを生んだ、中世の面影を残す静かな町スルモーナは、イタリアで結婚式や子どもの洗礼式のときに配るコンフェッティというお菓子でも有名なところだ。丸ごとのアーモンドに糖衣をかぶせただけのシンプルなものなのに、スルモーナで作られるコンフェッティは格段おいしい。面白いのは、結婚式のとき新郎新婦に、普通はお米をかけて祝福するところを、この地方ではお米と一緒にコンフェッティも投げることだ。産地だから使い方も贅沢なのはわかるが、約3、4センチの白い玉があられのように降りそそぎ、新郎新婦だけでなく、その近くにいた親戚友人たちも悲鳴をあげていた。当たればけっこう痛いはずだ。

盆地にあって夏はかなり暑くなるそのスルモーナから、スキー場で有名なロッカラーゾに向かう道の途中にあるロッカ・ピアは、標高約1200メートルで、8月でも夜にはセーターがいるくらい涼しい。一時期過疎化したこの小さな山あいの村も、最近は避暑地としてにわかに活気を取り戻してきた。それはそれでよいことなのかもしれないが、このロッカ・ピアが生まれ故郷のニーコとしては、美しい自然の風景とはとてもそぐわない、黄色やピンクの近代的な建物が次々と建てられてゆくのを、苦々しい思いで眺めている。毎年8月13、14日には、そうした避暑客や帰省者の人出を見込んで夏祭りが開かれ、名物の羊肉の煮込み料理が供される。かなりこってりとしているから、胃袋に自信がなければ、おいそれと手が出せない。私たちはというと、栗とクルミの木陰が涼しいニーコの家の前庭にテーブルを出し、本物の炭火で作るバーベキューが、毎年定番のごちそうだ。おいしい赤ワインのグラスを手に芝生に腰を下ろして、とめどもないおしゃべりに耳を傾けながら、真夏の午後はゆっくりと過ぎていく。

おなかがいっぱいになって、ちょっと昼寝でもしたくなる頃、もう一つの大事な恒例行事が始まる。自転車で、古くて美しい避暑地であるペスココスタンツォという町まで、往復約20キロの遠乗りだ。距離にするとさほどでもないが、ペスココスタンツォは標高約１４００メートルで、上り下りの山道であることを考えると、かなりハードな行程だと思う。実際、毎年果敢に挑んで完走するのは、登山とスキーで鍛えたスポーツマンのニーコと、それほどタフではないが娘たちの手前、メンツを保ちたいエンリコの２人だけで、後のみんなは悠々と車で目的地までドライブするのだった。

ペスココスタンツォに向かう途中、道はいったん、だだっぴろい平原に出る。一度そこで不思議な光景を見た。一面の野原は夏の太陽に焼かれて枯れているのに、ところどころ池か湖のように、青く染まった所がある。車を降りて近づいてみると、それは野アザミの群生したものだとわかった。それにしてもなんて不思議なアザミだろう。花ばかりか、茎も、固いトゲだらけの葉も、すべてが青紫なのだ。手折ってみると、ドライフラワーのように堅い。その冷たいアザミの青紫が地表を覆って、乾ききった平原のところどころに大小の島を描いている。誰もいない惑星の景色のような、超現実の世界がそこに広がっていた。

スキーというレジャーが生まれる以前、この地方の冬は、さぞかし長く厳しいものだったに違いない。ペスココスタンツォのような町で、古くからレース編みや金細工、鍛冶、木彫などの手工芸が発達したのも、それが唯一その長い冬を乗り切る手立てだったからかもしれない。15世紀後半から18世紀にかけて、ロンバルディア地方から移住してきた職人集団が、そうした産業の基礎を築いたという。夏は避暑、冬はスキー客でにぎわう今でも、通りを歩けば美しい手工芸品で飾られた店先に目を奪われる。

とくに歴史の大舞台に立つわけでもなく、華々しい文化の中心地になるわけでもなく、アブルッツォやモリーゼの人々は長い間、豊かだけれど厳しい自然と、いつも地道に向き合って生きてきた。そしてその地を、昔から本当にさまざまな民が行き交うのを見てきた。海の向こうから渡ってきた民が町をつくり、山から羊の群れを追って移動する羊飼いたちが道をつくった。戦いもあった。かつてこの地方に住んでいたサムニウム人を征服したローマ人が神殿や劇場を建て、ナポレオン率いるフランス軍が峠を越え、ドイツ軍が爆弾を落とした。けれど、そんな人間の営みをすべておおらかに包み込む大自然が、ここにはある。この土地を訪れるたび、そのおおらかさに包まれて、元気がわいてくる。

モリーゼ州にあるピエトラッボンダンテの古代劇場を最初に訪れたのは、クリスマス休暇に夫の生まれ故郷をはじめて訪ねる、その旅の途中だった。途中で雪道になってきたけれどあきらめずに車を進め、遺跡の入り口に着くと、門番が異星人でも見るかのような目で私たちを迎えた。「閉まっているわけではないけれど」と言いながら彼が指差すほうを見ると、あるのは一面の雪野原。劇場の石積みのひとかけらさえ見えなかった。

季節を改めて出直し、やっと劇場跡に立つことができたのは、それから5年後の春のことだった。山を渡る風はまだ冷たいが、遺跡のある一帯は草花が生い茂り、子どもたちがその上を大はしゃぎでかけまわっている。神殿跡の真ん中に立って遠くを見渡すと、山々がどこまでも青く連なって、やがて雲と溶け合うのが見えた。山と空とに抱かれたこんな場所にかつてこの聖域を築いた人々は、笑いながらもうはるか雲の彼方に走り去ってしまった。私の旅は、これからどこへ続いていくのだろう。もう一度、冷たい空気を胸深く吸い込んでから、青い峰に飛び込むように石段を駆け下りた。歩き続ける元気は、きっとこの風がくれる。

（清水里香）

02 ピエトラッボンダンテに残るローマ時代の劇場跡。

第3部 とっておきの町を歩く

15

時の迷路を歩く ヴェネツィア

はじめてヴェネツィアに降り立った日。遠い夏の朝。パリ発の夜行列車の2等寝台で目を覚ました私は、まもなく終着駅、という車掌のアナウンスを聞いて、車窓から首を出した。そして、メストレからヴェネツィアへつながる海の上の長い橋を越え、列車の先頭車両がキラキラした光の中に吸い込まれていくのを見たとき、自分でもびっくりするほど胸が高鳴ったのを思い出す。今思えば、それはそのときには想像だにしていなかった長い冒険の、開始を告げるファンファーレだったのかもしれない。

小雨がぱらつくと肌寒いほどだったパリの天候とうってかわって、早朝だというのに、ヴェネツィア・サンタ・ルチア駅の石段を降りて広場に出ると、抜けるような青空から

★ヴェネツィア（Venezia）　ヴェネト州州都。人口約27万人。ヴェネツィア湾の潟（ラグーナ）の上に築かれた町で、117の島々からなる。7-18世紀にこの地を本拠とした都市国家ヴェネツィア共和国は、強力な海運と商業力で東地中海を制覇し繁栄をきわめた。町は自動車の乗り入れが禁止されている。

強い日差しが照りつけていて、とうとうイタリアに来たのだという思いが高まった。暑い一日になりそうだった。気もそぞろにバールのカウンターで甘いクロワッサンをカプチーノで流し込み、水上バス乗り場へと急ぐ。早くヴェネツィアの運河が見たかった。

パリからアムステルダムへ行く途中、1日ヴェネツィアに寄って、「フェニキア展」を観ていこうと提案したのは、Fさんだった。父の知人で古美術商のFさんは、その夏ヨーロッパのあちらこちらの都市で、骨董商をまわったりオークションに参加したりするというお仕事の旅に、ヨーロッパは右も左もわからない私を、寛大にも連れて来てくれたのだった。

日帰りで時間があまりないと、気がせいていたのかもしれない。忘れ物に気がついたのは、水上バスを降りて、展覧会会場のパラッツォ・グラッシに着いたときだった。パリの蚤の市で買ったスエードのジャケットを、夜行列車の網棚に置いて来てしまった。外に出たときは暑かったから、すぐには気がつかなかったのだ。苦労しながら値段を交渉して買った思い出の品なので、そのままあきらめる気になれず、思いきって駅に引き返すことにした。Fさんには、一人で行けるから大丈夫、と言った。地図

01 大運河カナル・グランデを行く水上バス（中央）。［撮影：Mauro］

02 ヴェネツィアの路地を行くと、いくつもの細い水路が現れる。［撮影：Mauro］

を見るとたいした距離ではない。水上バスには乗らず、歩いて行くことにした。方向感覚には、けっこう自信があった。

　ところが、最初の角を曲がったところで、あっさりと迷ってしまった。

　裏に足を踏み入れると、表通りともいうべき大運河カナル・グランデから見ただけではとても想像のつかない迷路の世界が、大小の水路と気まぐれに交差しながら果てしなく続いていた。しかも、その街角はどこを見ても一枚の絵のように美しくて、思わず見とれてしまうから、気がつくとますますわけがわからなくなっている。

　地図は丸めてポケットに突っ込み、『地球の歩き方』の一口会話のページをにらんでから、通りがかった人を、勇気をふりしぼって呼び止めた。

「スクージ、ドヴェ・エ・ラ・スタツィオーネ（すみません、駅はどこですか）?」

いきなり東洋人の娘にぎこちない一本調子のイタリア語らしき言葉で話しかけられて、

銀髪の美しい小柄なその婦人は一瞬きょとんとしたが、すぐににっこり笑って、あの橋を渡って左よ、と身振り手振りで教えてくれた。

わっ、通じた！　生まれてはじめて話す言葉なのに、「ローマ字読み」しただけで、通じてしまった。そのことが面白くてうれしくて、駅へ行くという本来の目的はもうほとんどどうでもよくなってしまったくらいだ。

距離からして、目の前にある橋を渡って左にすぐ駅があるはずはなかったけれど、ご婦人のくれた指示は正しかった。そこまでいったら続きはまた別の人に訊きなさい、という意味なのだろう。道順は複雑すぎるから、一度に説明してもわかりっこない。そうなると、まるでサイコロを振っては駒を進める双六ゲームの感覚だった。ただし、サイコロを振るのはヴェネツィア人で、私は駒である。観光客ではなさそうな人を呼び止めては、決まり文句の「駅はどこ？」を繰り返すと、皆一様に、ちょっと驚いたり、面白がったような顔をしながらも、次の方角を指差してくれる。お礼を言って、言われた通り角を曲がったり、水路を渡ったり、広場を横切ったり、そんなことを何度も繰り返すうち、まるで私はヴェネツィアの人たちから次々にバトンタッチされるかのようにして、ついに見覚えあるサンタ・ルチア駅にたどり着いたときは、思わず「上がり！」と叫んだ。

今思えば、なんだか、あのときの出来事ははじめから終わりまで、この街の人が皆でぐるになって仕掛けた、陽気なお芝居だったような気がしてならない。少なくとも、そんな錯覚を起こさせる非現実的な雰囲気を、ヴェネツィアはもっているはずだ。とにかくあの日の私は、この小さなハプニングの顛末にすっかり愉快になってしまい、結局めざす列車が私のジャケットを乗せたまま、折り返しベオグラードへと発ってしまったあとだと聞いても、あまりがっかりしなくてすんだのだった。

やっと観ることができた「フェニキア展」で一番印象に残ったのは、ガラスでできた人面のビーズ玉だ。実際にはわずか1センチほどの大きさながら、黒いあごひげと巻き毛に囲まれた真ん丸い目の表情は生き生きとしてユーモラスで、展覧会のシンボルにもなっていた。今でも海の民フェニキア人と聞くと、あのひげ面の顔を思い浮かべてしまうのは、私だけではないと思う。

ガラスといえば、繊細で華麗なヴェネツィアン・グラスはあまりにも有名だ。子どもの頃にはじめて古代ガラスというものの放つ不思議な輝きと出会って以来、ガラスという素材にいつも興味をひかれていた私は、千変万化の色彩と形を持つヴェネツィアのガラスにも、すっかり魅了された。あのとき、忙しいスケジュールの合間にヴェネツィア行きを組み込んでくれたFさんには、本当に感謝しなければならない。

ヴェネツィアン・グラスの発祥は、13世紀にヴェネツィア共和国が地中海をまたにかけた東西交易で大いに栄えた時期に遡る。東方からもたらされる物品の中で、当時最も珍重されていたガラス製品を、自国で生産すれば大もうけできる、と考えたのだろう。原料とともにガラス職人たちをも東方から招き入れ、ヴェネツィアでのガラス生産は始まった。また、そんな苦労をして導入した技術をよその国に盗まれないために、厳重な保護政策を布いて、ヴェネツィア中のガラス職人とその家族をムラーノ島に強制移住させた。苛酷な環境の中で開花していった、華麗なるヴェネツィアン・グラスの歴史は、この島にあるガラス博物館が雄弁に物語っている。そして、ガラスの製造法が秘密でもなんでもなくなった今でも、ムラーノはガラスの島として相変わらず私たちを惹きつける。とくにガラス好きな人でなくても、この地を訪れたなら、映画『旅情』の中でキャサリン・ヘップバーンが手にしたような、燃えるように赤いドラマチックなヴェネツィアン・グラスを、一つはお土産にしたくなるのではないだろうか。

数年後、ビエンナーレを観るために、ミラノからローマに戻る途中にやはり日帰りで寄った2度目のヴェネツィアを経て、ついにヴェネツィアに宿泊するという贅沢な望みが叶ったのは、幸運にも冬の謝肉祭（カーニヴァル）の時期だった。メストレで中学校の教師をしているダニエラが、本島にある彼女の家に招待してくれたのだ。

そのときは、ローマからはじめて飛行機で行ってみた。マルコ・ポーロ空港から、ヴェネツィア本島行きのシャトルバスに乗ったけれども、ヴェネツィアに着くには、電車に乗ってサンタ・ルチア駅に入るほうが、ずっと趣があると思った。お金に余裕があれば、空港からモーターボートの水上タクシーでヴェネツィア入りするというカッコいい手もあるが、私はあいにくまだその機会に恵まれていない。

ヴェネツィアのカーニヴァルがついに見られると喜んで行ったはずなのに、旅が終わってみると、胸に強く刻まれていたのは、それこそ街中オモチャ箱をひっくり返したような昼間の祭りの喧騒よりも、むしろ本島に宿を取れなかった観光客たちが引き上げて行った後に、ほとんど唐突に訪れた夜の静寂だった気がする。

もともと謝肉祭とは、キリスト教徒が復活祭に備えて、40日間肉食を断って精進するという、その四旬節に入る前の最後のドンチャン騒ぎであった。もはや四旬節の肉食がご法度ではなくなった今でも、謝肉祭はイタリア各地で変わらず行われるお祭りではあるが、ヴェネツィアのカーニヴァルはとりわけ圧巻で、ただでさえきらびやかな建築物で囲まれた広場や通りが、その独特の美しい仮面や凝った衣装に身を包んだ人々であふれかえり、観る人も演じる人も一緒くたになって、街全体が巨大な一つの劇場と化す。

そのお祭り騒ぎがこの上なく華やかである分だけ、ひとたび人々の興奮が過ぎ去り、夜の帳《とばり》が下りた無人の石畳の路地を包む闇は、なおいっそう濃く深くなるのかもしれない。水路には空っぽのゴンドラが小さな波に揺れている。海面から這い上ってくる冷気の中で、靴音だけが沈黙を切り裂いて自分の居場所を告げてくる。その立地といい、その歴史といい、そ

03 ファサードの黄金のモザイク装飾が壮麗なサン・マルコ大聖堂。［撮影：Mauro］

の美しさといい、何から何まで現実離れしているようなこの都市が、ふいにはっとするほど生々しい表情を見せてくれる、それがヴェネツィアの夜なのかもしれない。

ヴェネツィアといえば、大運河やサン・マルコ大聖堂のある本島のほかに、映画『ベニスに死す』や国際映画祭で有名なリード島や、ガラスのムラーノ島、レース編みのブラーノ島など見所は多くあるけれども、時間に余裕があれば、ぜひトルチェッロ島に足を延ばしてみるとよいと思う。

その昔、アクイレイアやパドヴァなど北イタリアのローマ都市の住民が、フン族やロンゴバルド族の侵略を逃れて5世紀頃から移り住んだその最初の島が、このトルチェッロ島だといわれている。堅固な石造りの建物が所狭しと立ち並び、びっしりと石畳が敷き詰められたヴェネツィア本島などとは打って変わって、トルチェッロの船着場から聖堂へと続くのどかな運河の両脇には、緑の草木やアシが生い茂り、湿原地帯に点在する自然の干潟だった頃の、いにしえのヴェネツィアにタイムスリップした気分になれる。

エレガントな鐘楼を従えたサンタ・マリア・アッスンタ聖堂は、創建が7世紀に遡る由緒あるモニュメントで、現在残っている10

04 海から眺めたトルチェッロ島。中央にそびえるのはサンタ・マリア・アッスンタ聖堂の鐘楼。［撮影：Godromil］

～11世紀のロマネスク様式の建造物も、ヴェネツィアのほかの島では見られない貴重な歴史の証言者だ。昔、蛮族に追われて故郷を捨て、この地に移り住んだヴェネツィア人の祖先の、心の支えとなってきた祈りの場所なのだろう。その後、ヴェネツィア本島の繁栄に押されて徐々に勢いを失い、ついにはすっかりすたれてしまったトルチェッロだが、キリストの昇天と最後の審判を描いた聖堂内部の大モザイクは、サン・マルコ大聖堂の絢爛豪華とは全く違う、なにか実直な荘厳さをもって、観る者の心に静かに訴えてくる。

ヴェネツィア絵画の粋を集めた、まるで宝石箱のようなアカデミア美術館を観た後、突然思い立って、マリア・ビアンカ・スカルフィ先生のお宅に電話したのは、イタリアに暮らし始めてだいぶ経った、ある初夏の午後だったと思う。まだ学生だった頃、東京のイタリア文化会館が主催した考古学セミナーで、当時ヴェネツィア考古学監督局にお勤めだったスカルフィ先生の講演会を拝聴したことがあった。ヴェネツィアの起源と発展に関する講演と、有名なヴェネツィアの獅子像についての講演だった。その折、通訳まがいのお手伝いをさせていただいた私のことを先生はまだ覚えていて、よく連絡をくれたわね、と歓待してくださった。

先生のお宅は、アカデミア橋のすぐ近くにあった。広い階段を上って、重厚なインテリアと大理石の円柱のある応接間に案内された。およそ10年ぶりに再会したスカルフィ先生は、きれいにセットされたグレーの髪に、緑色のフレームのメガネがとても似合って素敵だった。タバコに火をつけながら、あのときのお嬢さんが、もう4人の子のお母さんだなんてねぇ、と言って笑った。先生はもう数年前に定年で考古学監督局を退職し、今は年老いたお兄さんとのんびり暮らしているという。おしゃべりが中断したとき、しんと静まり返ったお邸がひどく寂しく感じられたのは、日が傾きかけたせいばかりではない気がして、なかなかいとま乞いができなかった。

外に出て、アカデミア橋を渡る。大運河が海と抱き合う方角を見やると、パラッツォ・ドゥカーレ前の広場の岸壁に、巨大な2本の円柱がそびえているのが見えた。頂には、ヴェネツィアの守護聖人である、聖テオドーロ（タドーロ）像と、福音記者マルコのシンボルの有翼の獅子像が、それぞれに海をにらんで立っている。その昔、ヴェネツィアから世界の海へと船出して行った兵士や商人たちも、皆万感の思いをこめて、この像たちに別れを告げたことだろう。

昔、はじめて古代ガラスを見せてくれた父も、いまは彼方の世界に旅立ってしまって、私はひとりヴェネツィアの橋の上に立っている。いままで来た道を振り返ると、いろいろな時期の私の影が、路地のあちこちをさまよっているのが見えた。もう一度、道に迷ってみるのも悪くないかなと思った。でも今度こそは、自分の手でサイコロを振って、歩いてみようと思った。

（清水里香）

16

歴史が静かに息づく町
ペルージャ

イタリアの駅のホームが低いことに気づいたのは、ペルージャ行きの列車を待っていたときではないだろうか。はじめてイタリアを訪れて、オルヴィエトまでは一緒だった知人と別れ、いよいよひとりで冒険を始めるべく立ったホーム。大丈夫、と自分に言い聞かせはしたものの、本やら辞書やらでとてつもなく重たいスーツケースにつかまっていなければ、心細さのあまり地面にへたり込みそうだった、あの夏の駅。

ふと見ると、休暇で手に手に大きなかばんをさげた人の群れが、ぞろぞろと駅構内の線路を横切り向こう側のホームに渡っている。ホームと線路の段差は50センチくらいだから、簡単に下りたり上ったりできるのだった。日本では、もちろん見たことのない光

★**ペルージャ**（Perugia）　ウンブリア州ペルージャ県。人口約17万人。中世の町並みが広がるが、元はエトルリア人が築いた町で当時の城壁が残っている。町の中心は大噴水とプリオーリ宮殿、大聖堂のある11月4日広場。外国人大学があり多くの留学生が学んでいる。

景だ。でもちょっと危なくないのだろうか。「線路を横断せず、地下の通路を利用してください」という立て札も立ってはいたが、全く無視されていた。

まもなく私のホームに列車が入ってきた。ホームが低い分、乗り込むべき車両は高い。ドアが開くと、2つ3つ階段を上らなければならない。しかも幅が狭く急なので、巨大なスーツケースをよいしょと両手で持って上るのは至難の業だ。すると私の後ろにいたおじさんが無言で私のスーツケースを抱え上げ、階段の上にいたもう1人の男性との連係プレーで、またたく間に車両に積み込んでくれた。

さてはイタリアは、女子どもや年寄りはひとりでは旅ができないような仕組みになっているのだろうか。イタリアでは男性が女性に親切とよく言うけれども、たとえば駅の構造や列車の造りがあまりに不便だから、男性が手を貸さざるをえないってこともあるのではないか。それともこの国はいつでも手を貸したがる男性であふれかえっているので、いつまでたってもシステムが改善されないのだろうか。

まあ、どちらでもいいや。いま私はこうしてペルージャに行く列車に無事乗り込めたのだから。降りるときも、何とかなるだろう。一面に続くひまわり畑が黄金色の風になって車窓を流れている。まぶしい旅の始まりだった。

イタリアで最初に住む町がペルージャだったのは幸運だったと思う。わずかながら奨学金がもらえるという理由で、イタリアのどこにあるかさえ満足に知らずに決めたペルージャ大学の集中講座だった。中世のおもかげを残す市街地は、ニコラとジョヴァン

01 ペルージャの町の中心、11月４日広場。正面に見えるのが市庁舎のプリオーリ宮殿。

ニ・ピサーノが彫刻した美しい噴水からはじまって、瀟洒《しょうしゃ》なゴシック建築が立ち並ぶヴァンヌッチ通りが、ほぼ唯一の繁華街。あとは県庁所在地とも思えない、のどかで本当にこじんまりとした都市だ。ペルジーノに代表される、ウンブリア地方の芸術家の作品を一堂に集めた国立美術館は、じっくり見るとかなり時間がかかるけれども、あとは丸一日あれば主だった見所はほとんど回れてしまう。これがもしミラノのような大都会だったり、ローマのように空間軸だけでなく時間軸もとてつもなく長い都市だったりしたら、イタリアの暮らしに溶け込もうと望んでも、どこから一歩を踏み出したらよいかわからなくて、きっと私はひとり途方に暮れてしまっただろう。

ペルージャが異邦人にとって住みやすいのは、大きすぎず小さすぎない町の規模のためだけではなくて、その町が位置する地形にもよると思う。ペルージャは丘の上に建っていて、町の中心の大噴水付近がちょうどその丘のてっぺんにあたり、そこから丘の斜面をふもとまで覆うように、市街地は広がっている。だからどんなにやみくもに歩き回っても、道に迷ったらとにかく坂道を上りさえすれば、街の中心に戻れるしくみだ。

そうとあれば、迷路のように枝分かれする裏道も恐れることなくずんずん進んでいける。地図も持たずにあてずっぽうで探検しながら、歴史ある町に暮らす喜びと楽しさも、石畳を駆け下りる足元のように私の中で加速していったように思う。

ペルージャに着いた翌日、学生に下宿先を斡旋する大学の窓口に行ってみると、そこは開講日前日ということもあって押すな押すなの大混雑だった。その人だかりの一番後ろで呆然と立っていた私をどうやって見つけたのか、窓口の係の人が背伸びして手招きする。呼ばれているのが自分のことだとようやく気がついて、人ごみをかき分け前に進むと、「日本人にだけ、部屋を貸したいっていう大家さんがいるから」と言う。サッカーブームで今では日本でも知られるようになったペルージャだが、私が滞在した当時は、外国人学生であふれかえる大学構内で、日本人を見かけることはしごくまれだった。それゆえに訪れた幸運なのだ。

紹介された大家さんの旧型のフィアット・チンクエチェントに乗って着いた家は、サンタ・マリア・ヌオーヴァという教会に隣接する、もとは修道院だった建物の中にあった。アパートに改装された今も、小さな部屋の丸天井に僧房の面影が残っていた。回廊に面した小さなドアをくぐると、室内は驚くほど静かで涼しい。

通りの名はヴィア・ピントゥリッキオ。イタリアではどの都市でも有名な芸術家の名を通りにつけることがよくあるけれど、この通りには、500年も昔、ペルジーノの弟子だった画家ピントゥリッキオが本当に住んでいた家がある。かろうじて名前だけ知っていたルネッサンスの人物が、急に身近に思えてくる。イタリア人の歴史感覚は、何もコロッセオやシスティーナ礼拝堂のような大モニュメントを見なくても、日常の中に無数に散らばっている、小さいけれど確かな記憶の断片に囲まれて暮らすうちに、自然に培われていくのか。そう思うと本当にうらやましく、この国に生きることへの憧れに、胸がしめつけられた。

大学にまれだった日本人の中に、ヒロミちゃんがいた。右も左もわからない状態の私にひきかえ、すでにミラノに住んで3年になるヒロミちゃんは、イタリア語がぺらぺらだった。それだけでもすごいのに、そのうえ彼女は車を持っていて、授業のあとや週末にいろいろなところへドライブに連れて行ってくれた。バスや電車ではちょっと行きにくい、美しいウンブリアの大小の町を訪れることができたのは、彼女のおかげだ。アッシジで食べたほうれん草入りのマルファッティの味や、日暮れ時にグッビオの町外れで見た古代劇場跡の美しさは、今でも忘れられない。ジェラート屋を探してうろうろしていたところをパトカーに止められ、免許証とパスポートをチェックしたおまわりさんが、そのままジェラート屋まで先導してくれた、なんておかしなこともあった。

それにしてもウンブリアの田園地帯をゆるやかに縫って走る夏の道の、なんと美しいことだろう。やさしい曲線で起伏する丘の斜面には、整然と並んだオリーブの木々が風に銀色の葉をふるわせている。そのオリーブ畑の間に見え隠れする古い石造りの民家の軒まで、高い糸杉の並木が続くのが見える。カシやナラの木の林を抜けるとき、白黒の縞模様のとさかを持つ鳥のつがいが舞い立った。あとでそれがヤツガシラというのを知ったが、イタリア語でウプパとか「天国の鳥」とか呼ばれているこの鳥に今でもまれに会うことがあると、なんだかその日一日良いことが起こりそうな気分になる。

国道でも県道でも、ガードレールのようなものは、ほとんどない。信号も、驚くほど少ない。道はどこまでもなだらかなカーブを描いて、緑の中を縫って走る。いつか、自分の運転する車でイタリアの道を走る日が来るだろうか。イタリアで暮らすという夢は、まだとても遠くにあった。

その願いが思いもかけず叶った今も、ウンブリアの町や自然にふるさとのような懐かしさを感じるのは、あの最初の夏に出会った光と風の色が、心に染みついてしまったせいだろうか。それ以来、とっておきのお菓子を一口ずつ味わうように、ウンブリアに散らばる古い町を少しずつめぐって歩くのが、休暇中の楽しみになった。

訪れた場所の中には、スペッロやトーディのように偶然通りかかった町もあれば、スポレートのように長いこと胸に思い描いた末に、やっと見ることができたところもある。

モンテファルコも、そうして思慕した末に訪れた町の一つだ。「鷹の丘」という意味の名が、いかにも中世の古都にふさわしい気がしたし、ルネッサンスの画家ベノッツォ・ゴッツォリがこの町に描いたフレスコ画の大作をかねてから見たいと思いながら、いざ出かけていくに十分な勇気もきっかけも持てなくて、何年かが過ぎていた。けれどもそのきっかけは、思わぬ方向から不意にやって来た。

アッシジから車で1時間足らずのところに、カンナーラという小さな町がある。これといった観光スポットもない地味な町だが、国内有数のタマネギの産地で、8月末から9月のはじめにかけて、毎年タマネギ祭が行われたりする。タマネギ祭で何をするのかというと、アンティパスト（前菜）からデザートまで、タマネギを使ったありとあらゆる料理が味わえるそうだ。そのカンナーラの町のもう一つの自慢は、古い木彫の聖母子像だ。もともとは、ロレートという巡礼地にある有名な聖母子像のレプリカとして、今から4世紀ほど前に作られたものだったが、そのロレートの像が100年ほど前に火事で消失して以来、このカンナーラの像のほうが歴史的にも重要になってしまった。

その聖母子像が修復されることになり、その完成を祝うお祭りに縁あって私も招かれて、7月初旬のカンナーラを訪れることになった。平野に位置する現在の市街地はごく平凡だが、土地の人の案内で町はずれの小高い丘に上ると、そこには神殿跡などをとどめるローマ時代の遺跡があって、古代にはちょっとした要所だったことがわかる。その遺跡をもっとアピールして、アッシジを訪れる観光客をカンナーラにも呼べないか、というのが土地の振興会の淡い期待のようだけれど、アッシジからの中途半端な近さがかえってマイナスに作用して、なかなか難しいらしい。

神殿跡の丘からは四方の山々が見渡せて、あそこがアッシジか、と眺めていたとき、不意に「モンテファルコ」の名を聞いて振り返った。案内の人が指差す方角に、思わぬ近さで、心の隅に描き続けたその丘は立っていた。

地図で見るより、ずっと近い。カンナーラまで来たなら、モンテファルコにだって行ける。障害になっていたのは、心の中の距離だったようだ。

2週間後の日曜日、私はモンテファルコの坂道を上っていた。ゴッツォリの壁画のあるサン・フランチェスコ教会は、街の広場がある丘の頂を、ちょっと過ぎたところにあるはずだ。その教会は、今は丸ごと美術館になっていた。さっきまであんなに日が照りつけていたのに、入り口で切符を買っていると空はにわかにかき曇り、あっという間にスコールのような雨になった。訪れる人も少なくがらんとした堂内は、もしゴッツォリのきらびやかな色彩がアプシスを埋め尽くしていなかったとしたら、こんな雨の日にはかなり寂しい気持ちにさせただろう。豪快な落雷の音が近づいてはやがて通り過ぎていくのを聞きながら、清貧を説いた聖フランチェスコの生涯を、それとは対照的な華やかさで描き出しているこの壁画の前に、ひとり立ってみた。すると、窓を打つ雨音

02 モンテファルコの町の中心へ、城門をくぐり坂道を上っていく。

にはじかれて、時の流れに取り残された色彩たちが、壁の上で静かにふるえ始める。かつてこの教会を埋め尽くした土地の名士や聖職者や信者たちの姿は、もうない。今はただ壁画の中の人物たちだけが、フランチェスコを見守るようにして、ひっそりと呼吸し続けている気がした。

フィレンツェやヴェネツィアの絢爛さとは違う、中世のどこか神秘的な静けさをとどめる美しい町が、宝石のひとかけらのように、緑に囲まれてここにあった。外が少し小降りになったら、教会を出て広場を横切り、教えてもらったレストランに駆け込もう。地元産のワイン、深い芳香の「サグランティーノ」をグラスに注げば、その葡萄色の底に今見た物語の続きが映るかもしれない。

（清水里香）

03 モンテファルコのサン・フランチェスコ教会にある、ベノッツォ・ゴッツォリによるフレスコ画。聖フランチェスコの生涯を描く。右下の画面は「聖フランチェスコと聖ドメニコの出会い」。

17

田舎の海辺でイタリア的休暇
チンクエ・テッレ

ティレニア海に面して、三日月のように細長い形をしたリグーリア州。この海岸はイタリアン・リヴィエラと呼ばれているリッチなリゾート地だ。港町のジェノヴァを境に西と東に分かれている。毎年良くも悪くも話題を呼んでいる「サン・レモ音楽祭」が開催されるサン・レモは、西リヴィエラにあり、モンテカルロやフランスのニースに近い。東リヴィエラには南ヨーロッパを代表する、超セレブな有名リゾート地ポルトフィーノがある。さらに東へ進めばラ・スペツィアを経て、トスカーナ州に抜ける。

これから紹介するチンクエ・テッレの町々は、どちらかというと海辺の漁村と呼ぶにふさわしい、あまりにぎやかではない所だ。場所はポルトフィーノとラ・スペツィアの

★チンクエ・テッレ (Cinque Terre)　リグーリア州ラ・スペツィア県。「5つの地」を意味するその名の通り、リグーリア海岸に並ぶ5つの町村からなる。人口は5つ合わせて約4000人。ジェノヴァ～ラ・スペツィア間の鉄道が開通するまでは孤立した地域だったが、今では多くのリゾート客が訪れる。

間になる。でも、その美しさは、1997年にユネスコ世界遺産に登録されたという保証付きだ。チンクエの名前が示すように5つの町々、リオマッジョーレ、マナローラ、コルニーリア、ヴェルナッツァ、モンテロッソ・アル・マーレからなっている。ごつごつした岩が切り立つ海岸線に、ひしめくように色とりどりの家並が続き、どこをとっても色彩的に、造形的に、それはそれはきれいな海辺の町だ。

今回の旅行は、チンクエ・テッレ東南のラ・スペツィアから入っていった。列車はトンネルを抜けるとすぐに、1つ目の町リオマッジョーレに到着する。そして、次々と4つの町に停車していく。イタリアでは珍しく、自動車に頼らなくても自由に動けるエリアだ。さすがチンクエ・テッレだなと思っていたのだが、やっとの思いで予約できたホテル「スイス・ベルヴュー」は、なんと坂の上にあった。

モンテロッソ・アル・マーレ

このホテルは、チンクエ・テッレの中でも宿泊施設が最も多く集中しているモンテロッソ・アル・マーレにある。眺望が自慢だけあって、青空と紺碧の海が眼下に広がり、背景には深い緑の山々。まさにこれが売り物だ。立地条件からすると、車がないと不便だし、朝食しか出ないホテルで物足りなく感じるかもしれないが、そんなことは消し飛んでしまうほど、感動的に景色が美しい。

チンクエ・テッレの魅力は海と山にあると言われている通り、目に映る風景は絵はが

01モンテロッソ・アル・マーレのビーチ。

きと錯覚してしまうくらいの美しさで、ここにいると今自分がどこにいるのかわからなくなってしまうほど、ぼーっと見とれてしまう。

海岸の広さは町によって違うけれど、だいたいそれほど広くなく、海水浴をするのに手頃なビーチだ。海は悪天候のときを除いて、ほとんど凪《な》いでいる。波なんてないに等しく（だからサーフィンはできない）、小さな波が岸の砂や小石をやさしく撫でるだけで、これがイタリア人のバカンスにぴったりくる。

サングラスに水着姿で（女性なら、ビキニの上がなかったりもするが）岸辺でタオルを広げて日光の恵みを浴びる。このプロセスを何日も、同じ海岸の同じ場所で繰り返すのがイタリアの国民性。これこそ、イタリア流の休みだ！

休暇とは、日本人のように懸命にあちこちあちこちと忙しく動き回ることではないというのが、われわれイタリア人にとっては、無意識的な常識なのだろう。人々が仕事を休めるようになって以来（そんなに昔からの習慣ではない）、イタリア人は「滞在式・のんびり型」休暇を生み出したが、それは日本人の「移動式・さまよい型」休暇の正反対である。どちらが正しいかは

01

さておき、イタリアでイタリア人として生まれ、イタリアの空気を20年以上吸った私が「イタリアの休み方がよろしい」と推薦するのは自然なことだろう。「さまよい型」の休みには拒絶反応を起こしてしまうというか、体が合わない。

このモンテロッソに着いた途端に、カラフルなビーチパラソルが並ぶのを見て、少なくとも1週間くらい私ものんびりしたいなと思った。「何が取材だ。ビーチの定住族よ、私も仲間に入れて！」と思わず心の中で叫びながらも、今回は、日本風に淡々と取材のスケジュールをこなしていった。これは少々辛かった。

船や列車に乗って、モンテロッソから他の村を訪れることもできるが、それとは別に、トレッキングを楽しみながら行くこともできる。たとえばモンテロッソからリオマッジョーレまでの4時間半のコースがあるし、隣のヴェルナッツァまでだったら1時間半で歩いて行ける。

海から見ると、5つの町はよく似ているようだが、それぞれを歩いて見ていくと、そうでもないことに気づく。まず、モンテロッソは坂が比較的少なく、チンクエ・テッレの5つの町の中で最も大きい海岸を持っている。ホテルやペンション、レストランや土産物店も少なくない。別荘っぽい建物もずいぶんあって、比較的にぎやかな場所だと思う。エノテーカ（ワイン販売所）が何軒かあって、格別おいしい土地のワインなどを飲んだり買ったりすることもできる。

1975年にノーベル文学賞を受賞した詩人のエウジェーニオ・モンターレ（189

6‐1981）はこの町で青春を過ごし、ここで『いかの骨』に掲載されている多くの作品を書いたという。彼の家族の別荘「ヴィッラ・モンターレ」がまだ存在していると知って、きっと博物館とか資料館になっているだろうと思い訪れてみた。すると、確かに「ヴィッラ・モンターレ」と門に記されてはいるが、もうモンターレ家の持ち物ではなく、バラバラに分売されてしまったとわかり、空しい気持ちになった。

世界に認められた大詩人がここでいくつかの傑作を書いたのに。その詩にチンクエ・テッレのエッセンスが閉じ込められているのに。この村の夏の味を永遠に残したのに。怒りを誰にぶつけたらいいのかわからなくて、言葉にはせず「あほ！」と、胸の中で叫んだ。モンターレの以前の別荘には、そこで夏休みをのんびり過ごしているに違いない住民が干した、笑っている大きなペンギンの絵のタオルが窓にかかっていた。

「ヴィッラ・モンターレ」から歩いて道を渡れば海岸があり、そこにはこの町のシンボルと言ってもいい一風変わった彫刻がある。町の西端のヨットクラブの格好いい建物と合体しているような大きな岩の先端に立つ、「イル・ジガンテ（巨人）」の彫刻だ。20世紀初頭に作られたもので、セメントでできているけれど、荒波を受け続けて腕がなくなってしまっている。悲しげに足下の海を永遠に見つめているこの巨人は、岩と建物との奇妙な一体感を演出して、ユニークなスポットを作り上げている。地元のガイドブックはこの巨人についてほとんど触れていないが、人間の造った物というより、自然が生み出したという印象が濃い彫刻だ。

ヴェルナッツァ

ヴェルナッツァはモンテロッソの隣の町で、チンクエ・テッレの代表とされている。船で行くと、ここの最も有名な海からの眺めを一望できる。小さな港、こじんまりした海岸、その奥の広場、広場を囲む暖色の建物、広場の左側に教会と八角形の鐘楼がある。全体はとてものどかで、絵画のようである。

広場にはパラソルが目印の、おいしい「トラットリア・ジャンニ・フランツィ」と「ガンベロ・ロッソ」という2軒のレストランがあり、夏だと人が多く活気にあふれている。7、8月は、観光客でいっぱい。イタリア人、外国人、人々はゆっくりとおいしいパスタを食べながら、さまざまな言語で話している。

このチンクエ・テッレには、最近なぜか英語圏の若い観光客が多いようである。アメリカ人だろうか。現地の人にどうしてこんなに多いのかと尋ねてみたら、さっぱりわからない様子。たぶんガイドブックでチンクエ・テッレのことが紹介されたんだろう、と思うがはっきりしたことはわからない。

それにしても、イタリア人より外国人の観光客が明らかに多い。イタリアにいるのに、周りで違う言語ばかり聞こえてくると変な感じがする。ヴェルナッツァでは、メインの広場のすぐ裏の道でも、ピザ屋さん、軽食の店、土産物の店などに人がいっぱい出入りしている。あちこちで写真を撮ったり、疲れ果てて階段に座り込んだりする人が目立つ。

観光客だらけのヴェルナッツァはあまりにもきれいで完璧で、どこもかも清潔で、少し私の反感を買った。真夏に訪れたせいだね、きっと。ヴェルナッツァの広場には、観光客の少ない秋の暮れにじっくり座りたいと思った。その頃に来たら、空の色や周りの山の色は変わって人の足音も少なく、海は少し荒れていて、違う村のように見えるかもしれない。そんな場所の方が味わい深い時間を過ごせるような気がする。この美しい村を独り占めにしたいとつくづく思った。

コルニーリア

チンクエ・テッレの真ん中にコルニーリアがある。けわしい岬の上にあるコルニーリアを訪れる交通手段は、列車か自動車になる。港がないためである。車がなければ、駅から村まで階段を上らなければならない。上りやすい構造にはなっているけれど、37 7段もある。到着する頃には「しんどい！」と息切れ状態になって、コルニーリアの小さい広場のバールで一服。

比較的小さい町なのにバールが2つもあって、バカンス客で席がほぼいっぱいだ。古い家が立ち並ぶ狭い道をぶらぶら歩いていたら、海の眺めが最高に楽しめる展望テラスが見つかった。海はブルー、エメラルド、青、と表情豊かに変化して、透き通った色で、岬に絶えず波が打ち寄せている。

ずっと以前から波打たれている岬だが、19世紀後半に一部がその上にあった教会とともに崩れ、美しい海に飲み込まれてしまった。もしかするとコルニーリアの宿命はいずれ、岬とともに消えることになるかもしれない。この町がまだ存在しているうちに見に来ることができてよかった。

ほかの町に比べたら地味で不便だが、なんとなく「本物」の匂いがするところである。日のあまり当たらない路地の片隅を見つめていると、素朴な造り、ということよりも、昔ながらの貧困の記憶がじわっと伝わってくる。観光客のもたらす経済的な潤いがまだ行き届いていない部分があって、観光客のための町にまだ生まれ変わっていないコルニーリアのたたずまいが好ましい。

「本物」になぜかこだわってしまう自分を再確認したところで、町から一歩離れたブドウ畑に勝手に忍び込む。だって、断わる人が見当たらないし、ほかに誰もいない。悪いことをするつもりはなく、少しどきどきしながら、このチンクエ・テッレのもう一つの名所を拝見したかったのだ。

海があり、漁村があり、そのすぐ後ろに山があると先に書いたが、チンクエ・テッレでは昔から、山の斜面を利用して開かれた、石を積み上げた垣で区切られた狭い段々畑

02

02コルニーリアの町角で。
03コルニーリアの斜面にひらかれたブドウ畑から海を望む。

のブドウ園がたくさんある。それは環境に配慮した工学の傑作とも言われている。厳しい環境で生き延びるため、人々が知恵を絞って生み出したユニークな方法である。長い年月、変わらずにブドウ栽培を行ってきたチンクエ・テッレ（とりわけコルニーリア）のワインが入っていたと思われる壺が、あの有名なポンペイ遺跡でも発掘されたという。

青空の下でこのブドウ畑に立ち、誰もいない周囲を見渡すと、ここのブドウで作ったワインが悠久の年月を越えて私たちの時代にまで伝わってきた、という感慨にとらわれた。妙に悲しくなる酔っぱらいのようにセンチメンタルな思いに駆られそうになり、慌ててブドウ畑を離れた。

マナローラとリオマッジョーレ

マナローラとリオマッジョーレは、１９３０年代に完成した有名な「愛の道（ヴィア・デッラモーレ）」で結ばれている。車などが入れない歩行者専用の小道で、１キロくらいの長さである。マナローラ、リオマッジョーレ間をただ歩くと30分もかからないが、崖を削って造られているため、海を見下ろしたり、景色を

眺めたり、マナローラ寄りにあるトンネルの壁の落書きを読んだりしながら行けば、1時間以上の散歩を楽しく過ごせる。日が暮れる間際にこの道を2人で歩くと、嫌でもロマンチックな気分になるらしい。昼間だと、観光客がいっぱい歩いている。寂しがり屋の独身だと、この道を手をつないで歩いているカップルをあちこちで見かけるため、より寂しくなる可能性が大きい。

「愛の道」という名は、昔、恋人の一方がマナローラに、もう一方がリオマッジョーレに住んでいたため、2人が出会うにはこの道を歩くしかなかったという、かわいらしい伝説に由来しているらしい。

（マリレーナ・マリンチョーニ）

04 海から眺めたリオマッジョーレの町並み。

コラム 02

チンクエ・テッレのワイン

チンクエ・テッレの急な斜面のブドウ畑でできるワインは当然、生産量が限られている。有名なのは白ワイン「チンクエ・テッレ」と、極上の白甘口ワイン「シャッケトラー」である。後者の名前の由来は不明だが、これもまた長い歴史があって、ダンテ、ペトラルカ、ボッカッチョなど14世紀を代表するイタリア文学の巨匠たちにも親しまれたという。

「シャッケトラー」は甘いので、パスタなどを食べながら楽しむワインではなく、デザートや硬めの手作りクッキーと一緒にいただくワインだ。トスカーナ地方でよく飲まれるデザートワイン「ヴィン・サント」と同じかなと飲む前に思ったが、違った。

なんというか、「ヴィン・サント」の方がどちらかというとリキュールっぽくて、「シャッケトラー」の方がサラッとしていて軽い。チンクエ・テッレのエノテーカでは、気軽に1杯試飲することもできる。おいしいぞ！

（マリレーナ・マリンチョーニ）

チンクエ・テッレの代表的ワイン「シャッケトラー」（手前）

18

地中海一のきれいな海
サルデーニャ島

サルデーニャ島には４つの空港がある。今回の私の目的地であるアルゲーロに一番近い空港は、フェルティーリャである。市内から10キロほど離れていて、バスで20分くらいのところ。近くて便利である。飛行機が着陸すると、窓の外に、空港にいる乗降客がまばらに見え、澄んだ青空が目に映る。バスが市内に近づくと、右側に海、海岸、浜辺、ビーチがある。仮に、近くに海があると知らなくても、歩いている人々の格好から海がすぐそこだなと推測できる。ミニスカート、ショートパンツ、パレオ、帽子、サンダルなどといったリゾートファッションが目立つ。皆「ビーチへ行くぞ」という意気込みを全身から発している。

★サルデーニャ（Sardegna）　地中海で２番目に大きな島で、サルデーニャ自治州を形成する。州都はカリアリ。先史時代に造られたヌラーゲという構造物が今も島のあちこちに点在する。アルゲーロはサッサリ県にある人口約４万人の町で、ボーサはオリスターノ県に属する人口約8000人の町。

01

今回、アルゲーロに来たのは次の理由からだ。一つは、イタリアで最も普及しているイタリアの「海がきれいなビーチランキング」（環境保護協会が毎年発表する）のトップテンに、サルデーニャ島が何ヵ所も入っていること。そのうちのアルゲーロと、そこからほど近いボーサという町を訪れることにした。

私の友人の中にも、サルデーニャ島に毎年バカンスにやって来る、アルゲーロ大好き人間がいる。世界を旅した彼女が、そこまでアルゲーロに惹かれるのはなぜなのかを、この目で確かめたかったのがもう一つの理由だ。

私の宿泊先、「イル・ガッビアーノ」はスパルタ系というか、昔東京駅あたりで泊まった狭いホテルの部屋に似ている。大きいトランクが開けられない（！）ほど狭いのだ。しかし、この小さいホテルのフロントの兄妹、アントニオとパトリツィアはとても愛想がよくて、感じのいい人たちだから、滞在は快適

01 アルゲーロの旧市街。

である。テレビがもともと部屋には備えられていなかったが、頼んでみたらすぐ置いてくれた。なんて素晴らしい人たち、と感激した。けれど、それは束の間だった。文字通り、テレビを置いてくれただけで、それはほとんど映らなかったのだ。部屋にはアンテナがなく、室内でテレビの上の2つのアンテナをいじってみても、きれいに見えるのは2チャンネルだけである。まあ、いいか。映るテレビを頼まなかった私が悪いのかも。

ホテルから、道を渡ればもう海岸である。旧市街までは少し離れているため、自転車をレンタルする。1日借りてもたったの8ユーロなんて、タクシーで往復するより安いじゃないかと、大阪のおばちゃんっぽく自分を褒めたくなったところで、またも予想外の現実にぶつかった。

アルゲーロは、長い砂浜ときれいな海、という美点だけではなく、美しい旧市街もある。それを早く見たくて、ホテルから自転車で10分くらい走って行った。本当に美しい。真っ青の空と古い建物のコントラストが芸術的だ。でも、痛い。

痛い？――旧市街だから道が狭くて、さらに坂が多かったのだ。どこを見ても石畳だが、その石がでこぼこと出っ張っているため、自転車で長く走ると、おしりが痛くなるし、振動で脳みその中まで揺れてしまいそうになる。急ぎの用がない限り、歩きやすい運動靴で歩くことをお勧めする。旧市街へのアクセスが制限されているため、車はあまり走らない。海に面した旧市街のほとんどが城壁に囲まれていて、その内側を歩いて一周できる。

城壁は外敵から町を守るために作られたもので、かつては周囲に塔が26基もあったというが、現在はそのうちの6基が残っているだけだ。14世紀からスペインのカタロニア人によって支配され始め、今もサルデーニャの「カタロニアの町」と言われているほどカタロニアの面影が感じられる。方言にもカタロニア語の影響が著しい。

旧市街をぶらぶら歩けば、それだけですべてのモニュメント、教会などを見学できる。私が歩いた時間帯は、あまり人々が歩いていない真夏の真っ昼間だった。レストラン以外、土産物店などのお店は長い昼休みで閉まっていて、買い物客がいない。町を独占できる。地図さえあれば、迷子になる心配もなく自由に、狭くてちょっと埃っぽくて、歴史を感じさせる街角を発見できる。

アルゲーロのおいしいレストランは「パラウ・レアル」である。ジュゼッペ・メーリズさんの丹念なアドバイスに耳を傾ければ、思い出に残る料理を味わえる。まず、アルゲーロ風のタコのアッリアータをお勧めしたい。前菜の料理の一つだが、実においしい。熱を通したタコに、トマトと白ワインビネガー、にんにくのソースをかけて出来上がる。少し喉に引っかかるけど、食欲がすすむ一品。昔の漁師たちの保存食だったという。パスタ料理には、ゴージャスなアラゴスタ（伊勢エビ）のバヴェッテ（細いリボン状のパスタ）がある。アルゲーロ地方は、アラゴスタの漁が盛んで、最も知られている料理はカタロニア風のアラゴスタである。

アルゲーロ人の性格はドライである。お店や銀行などでは、長く観光客を相手に

02

02 アルゲーロの名物料理、アラゴスタのバヴェッテ。

してきたという印象を強く受ける。たとえば、観光案内所のお兄さんは明らかに作り笑いをして客に接する。朝から晩まで多くの質問に答えなければならないせいか、疲れを笑顔で隠そうとするが隠しきれない。

彼の答え方は興味深かった。どんな質問をされてもノーとは言わず、素早く関連資料を差し出して「詳しい説明が書いてありますので、どうぞ」と、余計な質問を阻止しようとする。まるで、サッカー選手がすばやくパスするかのようで面白い。お兄さんのリアクションが面白いため、いろいろな質問をわざと2、3回に分けてみて、彼の行動パターンを確かめてみた。

だが、私の旅のもう一つの目的は、イタリアで最もきれいな海を持つボーサを訪れることである。アルゲーロ通の友人なら、アルゲーロからたった50キロしか離れていないボーサのことをよく知っているに違いない、と思って聞いてみたら、「ボーサ？　行ったことないね」とあっさりいなされた。

アルゲーロからボーサ行きのバスは、午前中にたったの2便で、ボーサからアルゲーロに戻る午後の便も、2つだけ。50キロしか離れていないのに、アルゲーロ人にとって、ボーサは遠い存在である様子。交通の便が悪いので、ここでは自家用車かレンタカーがないと観光も楽ではない。

朝の6時45分発のバスで行って、午後5時35分発のバスで帰った。行きは山、山、また山を越して、カーブだらけの道を走る。このあたりの田園には木が少ない。オリーブの木、ブドウ畑のほかに、唯一目立つのはコルク樫である。あちらこちらに植えてあるが、だいたいが半分裸になっている。裸の木ってどんなのだろうと読者は首を傾げるだろう。それは、幹の皮が上の部分にしかなく、幹の下半分以上が、皮を剝がれて妙にピンクがかっているという状態なのである。つるつる、すべすべで、人間の肌を思わせる、変なものである。

バスの乗客は少人数で、途中、2人の年配の女性が乗車するまで、バスの中はしーんとしていた。この2人が乗ってきて、おしゃべりが始まったが、ここであるショックが私を襲った。サルデーニャ方言である。うわさには聞いていたが、こんなに全くわからないものだとは思わなかった。誰もしゃべらないバスに、2人が乗り込んで始まった会話で、理解できた単語は、地名、人名、薬の名前のみ。あとはさっぱりわからない。ここは本当に私の国かと疑うほど、あの方言は理解不可能だった。何だ、大阪弁の方がわかるわと、これが頭をよぎった正直な感想である。

ボーサまでは、山経由のバスで1時間半くらいかかる。バスがボーサの広場に停車し、降りて周囲を見渡すと、ごく普通の町で、格別にきれいとか古いというようには感じない。だけど、ちょっと待って。ここに素晴らしい海があるというのに、どうして歩いている人々の中で、リゾートの格好をしている人が一人もいないのかな。どう見ても、この人たちは、買い物に出かけたバカンス族ではなくて、現地の住人ばかりのようである。そして海は……見えない。海やビーチの方向を教える道路標識も見当たらない。

本屋さんに地図を下さいと駆けつけたら、ボーサの地図もボーサに関する本もない。何か資料があるとすれば、観光協会の方でしかわからないだろうとの話。観光協会の営業時間は午前10～12時と午後6～8時でまだ閉まっていたため、地図を手に入れる前に、適当に歩いて町の地理をつかむことにした。

とりあえず、高い所に建っているセッラヴァッレ城まで行ってみた。城は工事中でしばらく閉鎖という状態で残念だったが、城の前の道は、たまたま見つけたとてもいいスポットである。建物の屋根の赤、周りの緑、市内を横切る川の少し緑がかった青、向こう側にある海の深い青、空の淡い青。都会より、時間がゆっくり流れているようで、ほっとする眺めだ。格別に美しいとは思わないが、心が癒やされる。

海辺に行く前に、旧市街を見学する。アルゲーロに比べると地味に見える。川沿いの古びた建造物は、古い皮なめし工場であるようだ。町の中心から自転車で15分くらいのところに、ボーサ・マリーナがある。入り江になった三日月形のビーチの右側に、スペイン統治時代に建てられたようなアラゴンの塔、左側に丘が見える。ビーチは広い。海

03ボーサのセッラヴァッレ城のある丘からの眺め。
04ボーサ・マリーナ。正面にアラゴンの塔が立っている。

を満喫している人々はそれほど多くはなく、みんな気持ちよさそうに肌を焼いている。砂浜が広いため、子どもたちが喜んで大暴れしている。

さて、イタリア人は海へ行って、何をするかというと、たぶんまず肌を日に焼くことである。皮膚はわりとデリケートであるため（イギリス人ほどじゃないけれど）、1日ではあこがれの小麦色にはなれず、何日も徐々に日焼けの時間を延ばしていって、こんがり焼いていくというのがよくあるパターンである。もちろん、朝から晩まで一日中太陽の恵みを浴びている日焼けマニアはいるが、少しずつ焼くのが一般的である。

誰でも行けるこのビーチはよかったが、ボーサのもう一つの魅力は、アクセスが困難なたくさんの入り江である。いくつかは車や徒歩で行けるが、船でしか行けないところもある。人が少なく、最高の海が楽しめるらしいが、残念ながら私は今回は行けない。

帰りのバスは海岸経由であるため、行きよりも早い。そして、窓から見た景色がすごい。右側に、開発の気配が全くない、とがった岩と丸っこい茂みからなる山々。左側に、海。ここで人工的なのは、バスが走っている国道と車だけで、山や海は天地開びゃく以来、そのまま

04

であるとしか思えない。創造を終えてこの地を去る神々の足音が聞こえてきそうな気がする。ワイルドで本質的な美に圧倒されながら、アルゲーロに戻る。

ボーサの各所を訪れながら、どうしてボーサ人たちは自分たちの町をもっとアピールしないのか、もっと情報発信すればいいのに、とばかり思っていたが、そのままでもいいか、とあの海岸沿いの国道を走りながら思った。物事の流れがゆっくりで、観光客のペースに合わせていないボーサ人の方が、もしかしたら正しいのではないか。交通が不便で、町のガイドブックがなく、前もって予約しないとタクシーにも乗れず、観光協会が1日4時間しか開いていなくて、一見パッとしない町だが、そのままでもいいのではないか。もし夏に観光客でいっぱいになれば、神々の残したあの風景が失われるだろうし、癒やしの空気もなくなるだろう。がんばれ、ボーサ！　いつまでも、そのままで。

ボーサのおいしいレストランは、旧市街にある「ボルゴ・サンティニャーツィオ」である。予約不要で、対応が丁寧で、伝統的でローカルな料理が味わえる。魚料理の中で、車エビ、ウナギ、タコ、青魚などをベースにした料理が、パスタ料理として手作りのラヴィオリなどの後で味わえる。デザートとしては、セアーダスというサルデーニャらしい一皿がある。大きなラヴィオリのような形をしていて、中に新鮮なチーズやレモンを詰め、フライにしたものだ。熱々のうちに、ハチミツまたは砂糖をかけて食べる。これを食べながら、「マルヴァジーア」というボーサの有名な甘口の白ワインを飲むと、心も体もボーサで満たされる。

（マリレーナ・マリンチョーニ）

19

中部イタリアの桃源郷
メルカテッロ・スル・メタウロ

風景が美しいと人は幸せになれる。こんな簡単なことがなぜ今までわからなかったんだろう。イタリアの小さな町に住んでみるとその「幸せ」と「美しさ」を日々実感する。ミラノやローマ、フィレンツェ、ヴェネツィアなど、イタリアの町が美しいことは皆よく知っている。でもよく知られた観光地や大都市では、目まぐるしい町の活気に包まれて、イタリアの「本当の幸せ」をつい見逃してしまう。

中部イタリアの山奥に人口1500人、メルカテッロ・スル・メタウロという小さな町がある。私たち夫婦はここに古い町家を1軒持っている。この町をぜひ訪ねてほしい。イタリアの「幸せ」と「美しさ」、それが1500人の山奥の町では日々実感できる。

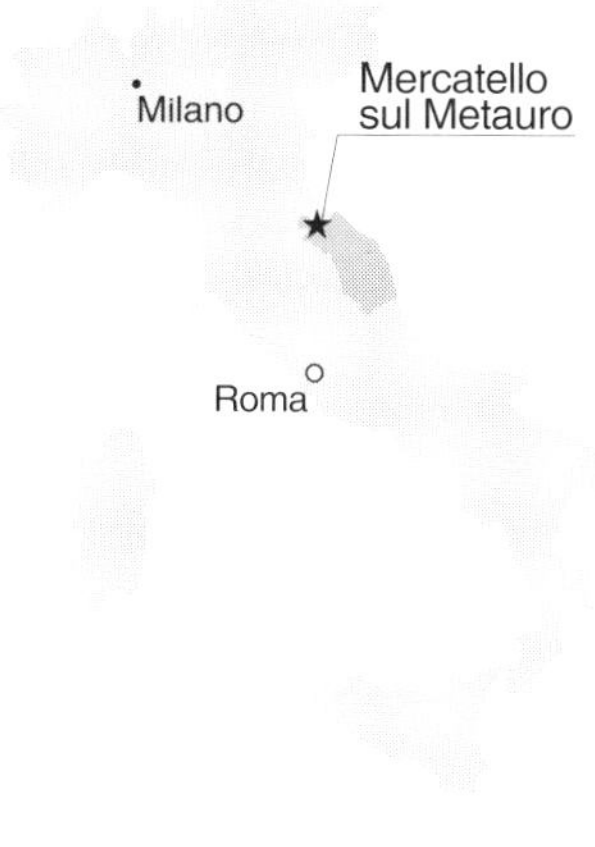

★メルカテッロ・スル・メタウロ
(Mercatello sul Metauro)　マルケ州ペーザロ・エ・ウルビーノ県。人口約1500人。平凡で美しい山間の田舎町で牛肉と白トリュフの産地である。見どころには、13世紀に建てられたサン・フランチェスコ教会や15世紀建築の館パラッツォ・ドゥカーレなどがある。

それを知るために、メルカテッロに来てほしい。

イタリアの良いところは生活の豊かなこと、すなわち「生きることの幸せ」を実感することだ。そして町や自然の「身のまわりの風景が美しい」ことだ。この2つはいわば紙の裏と表の関係にある。どちらかが欠けると、もう片方も成り立たない。そんなものだ。

その絶妙でほとんど神様の仕業と言いたくなるような関係が、イタリアでは成立している。そのことがイタリア中部の小さな町、メルカテッロに来ると良くわかる。

イタリアにはそのような町が実にたくさんある。イタリア観光協会は、そのような山間の小さな町の中からとびきり美しく個性的で、そしてきわめて普通の生活と文化が営まれている177の町を選んで「オレンジフラッグ」の町とした。メルカテッロは1998年にその栄誉を受けた。4年ごとに更新されて、いまは4度目のオレンジフラッグが町役場に掲げられている。

この町をぜひ訪ねてほしい、と言うのだが、ことはそう単純ではない。観光客がほと

01 メルカテッロ・スル・メタウロはアペニン山脈の東のふもと、緩やかな丘陵地の中にある。

んどやって来ない、落ち着いた普通の小さな田舎町。「オレンジフラッグ」にはそんな町が選ばれる。だから、そんな町には団体客を受け入れるような大きなホテルはない。したがって、そんな町へ行くような団体のツアーはない。交通の便もかなり不自由だから、個人か10人くらいの小グループの企画旅行で行くしかない。

オレンジフラッグの町の中でもメルカテッロは特別に普通の町だ。よく知られた観光ルートからも外れている。観光客が立ち寄ることはほとんど考えられない。

「ぜひ訪ねて下さい」と簡単には言えない理由がわかってもらえたと思う。その代わり、旅慣れていて時間の余裕のある人には、絶対のお勧めだ。メルカテッロの滞在は少なくとも2泊は必要だ。できれば3泊、4泊、5泊、それ以上を勧めたい（宿泊の案内は町のホームページに出ている。www.comune.mercatellosulmetauro.pu.it/index.php?id=19010）。

メルカテッロへはアレッツォまで電車で行って、そこからバスで2時間、またはタクシーで1時間というのが最もオーソドックスな行程だ。フィレンツェから直接車で来れば道のり150キロ、ローマからは250キロだ。

アレッツォはローマとフィレンツェの中間にある町だが、ピエロ・デッラ・フランチェスカの最高の傑作とされる、祭壇画「聖十字架物語」があることを知っている人もいるだろう。これを見るためだけにアレッツォを訪れる人も多いのだ。

アレッツオをバスで発つと、1時間でそのピエロ・デッラ・フランチェスカが生まれた町、サン・セポルクロに着く。メルカテッロまでの中間点だ。市壁のすぐ外にバスターミナルがあって、ここでラーモリ行きのバスに接続する。

ピエロ・デッラ・フランチェスカの日本での知名度はそれほどでもないけど、美術史の世界では、ミケランジェロやラファエッロに並ぶルネッサンスの偉大な画家として評価が高い。その絵画の持つ圧倒的な存在感に接すると、その評価を誰もが納得する。だからその生地であるサン・セポルクロは、そのことだけで世界中にその名を知られている。

サン・セポルクロを出るとまもなく山道にかかる。アペニン山脈を越える。下界の展望はこの世のものとは思われないほど美しい。世界で最も美しいといわれるトスカーナとウンブリアの田園を見晴らしているのだ。

標高１０４９メートルの峠、ボッカ・トラバーリアを越えるとマルケ州に入る。バスはしばらく、木立の中を走る。清らかな水が山肌から流れ出てくるのが道沿いの所々に見られる。それが少しずつ集まって小さな川筋になって流れ始める。メルカテッロの脇を流れるメタウロ川の源流だ。

ラーモリで今度はウルビーノ行きのバスに乗り継ぐ。やがてメルカテッロが見えてくる。メルカテッロ・スル・メタウロ（メタウロ川沿いのメルカテッロ）が町のフルネームだ。１０００メートル級の山々に囲まれた山間の丘陵地、メタウロ川がつくる渓谷のほとりにメルカテッロはある。バスは町の中心、ガリバルディ広場に入って止まる。

町はいつも静かで、何事もなかったかのように私たちを待っている。町の成立は1257年と言われている。750年の年月を重ねていま、この町はある。その750年の町の歴史に、バスを降りたあなたたちはゆっくりと入っていく。

メルカテッロでは悠久の時の流れを、ゆっくりと味わう。

カフェ・リナルディはガリバルディ広場の角にある。だからいつも誰かがその前に置かれた椅子に座ったり、立ち話したりしている。夏になるとカフェはその前に大きなテントをかけてテーブルと椅子を並べる。

ここに座って広場を横切る人たちを眺める。子どもたちが走っていく。車で乗りつけて来る忙しそうな大人が町役場の中に消えていく。奥さん方が、お年寄りが、挨拶を交わしながら広場を横切っていく。町長のピストーラさ

02

03

02町の中心はガリバルディ広場。この日は流れ星を見る会に参加する人たちで賑わっていた。
03カフェ・リナルディのテラスを占拠してご機嫌のマダムたち。

んが、今日は笑いながら立ち話をしている。若くて美しい娘たちがにぎやかに集まってくる。15分ごとに教会の鐘の音が頭の上で鳴っている。真っ青な空に金色の雲が浮かんでいる。

広場の反対側にはカフェ・ピエヴェ・ディーコがやはりテントを張って、ここではピザも食べられる。ピエヴェ・ディーコは夏の間だけ広場に出てくる。ガラスの衝立で囲まれているので落ち着けるが、その分広場からはちょっとだけ隔離された場所になる。

ピエヴェ・ディーコの本店は広場から30メートルほど離れたところにある。ここでは「シェ・パティセ」とフランス語で気取った、この町のケーキ屋さんが作る自然素材の新鮮なアイスクリームを売っている。アントニオとマルコ兄弟が作るこだわりのアイスクリームだ。

市壁に囲まれた町に4ヵ所開けられていた門のうち、1ヵ所だけが今も残っている。メタウロ川に架かるローマ時代の橋に通じる門がそれだ。門の脇には深い竪穴が残っていて、石のらせん階段が穴の底まで通じている。かつての氷室だ。ガラスの扉越しに眺められるだけで、中には入れない。

その他にもささやかながら観光名所らしいものがある。

町で一番古い教会はサン・フランチェスコ教会（1235年）だ。これ以上シンプルにはなれないというくらいにシンプルな、ロマネスクからゴシックにいたる素朴な中世の

04

04「遠い日本から来てくれるとは、嬉しいねえ」と、町長のジョヴァンニ・ピストーラさん。
05ドクター・ゴストリが見事に修復したパラッツォ・ドゥカーレ（公爵の館）は町の西の端にある。

姿を今に伝えている。修道院付きの教会で、かつてはたくさんの修道士がここでお勤めをしていた。

その修道院と教会をまとめて、町の歴史美術館にしているからぜひ訪ねてほしい。当時のこの地方の画家、というよりも絵描き職人と言った方がいい、そんな人たちの手によるフレスコ画がたくさん残されている。中世の田舎の職人が描いた絵が、フィレンツェのウフィツィ美術館の作品に負けないくらい丁重に扱われて、見事に並んでいる。

05

サン・フランチェスコ教会の斜め向かいには、パラッツォ・ドゥカーレ（公爵の館、15世紀）が建っている。ウルビーノのモンテフェルトロ公ゆかりの館だ。ルネッサンスの著名な建築家の一人であるジョルジョ・マルティーニの設計による、貴重な歴史遺産だ。すっかり荒れ果てていたのをこの町出身のドクター、ゴストリさんが買い取って修復した。

ゴストリさんは修復の設計をこの町の若い建築家、ガブリエーレに任せ、工事はすべてこの町の職人たちに発注した。町の皆でよみがえらせた、とびきり自慢の歴史建造物だ。ゴストリさんに頼めばいつでも快く中を案内してくれる。

町にはこのほかに3つの重要なパラッツォがある。その中で際だって目立つ立派な建物が、ガリバルディ広場の正面に建っているパラッツォ・ガスパリーニだ（ガスパリーニ家の館、17世紀）。ハンサムで生真面目なパオロ・チンチッラが町長のときに、町で買い取って大金をかけて修復、町の文化センターに転用した。

1階はギャラリーで、2階の一部を図書館に使ってはいるものの、建物が大きいのでまだ鍵のかかったままの空き部屋がいくつもある。この部分は近いうちに現代美術館としてオープンする予定だと、町長のピストーラさんははりきっている。「ほら、この通り」と、町役場の屋根裏に覆いをかぶせてしまってある、200点近い作品を私たちに見せてくれた。

7月と8月は大勢の帰省客で町がにぎやかになる。週末はブラスバンドや交響楽団、アメリカの音楽学校の発表会など、多彩な音楽フェスティバルが住民と帰省客のために用意される。名物のステーキ祭りもこの時期だ。この地方特産の牛肉を食べると、「これが肉だったんだ！」と、牛肉本来のうまさをあなたは思い知るに違いない。

「どこで食べようか？」と迷いながら、近くの町や田舎のレストランまで出かけるのも、メルカテッロ滞在の楽しみの一つになる。この地方一帯は山の幸、猪や野ウサギ、鹿や山鳥、そしてキノコとタルトゥーフォ（トリュフ）の産地としてよく知られている。田舎料理を目当てに遠くから客がやって来るような店もある。意外とおしゃれなオリジナル料理の店もある。どこもしっかりと主張のあるメニューをそろえて私たちを待っている。

町なかにはレストランが2軒ある。ダ・ヨー（ヨーさんの店）は町の食堂といった感じだ。家族で、仲間で、まるで自分の家のようにやって来て食べて帰る。一人暮らしのお年寄りもここに食べに来る。ロカンダ・デイ・サッキ（サッキの宿、その名の通り2、3階はホテルになっている）は最近オープンした本格的なレストランだ。築数百年の家に手を入れて、イタリアの田舎のロマンチックな雰囲気をさりげなく演出している。ここはちょっとだけ高級な町のサロンだ。

美しい石畳の町を歩く。どこへ行っても町の人たちは控えめに歓迎してくれる。目を合わせると静かに微笑んで挨拶を交わす。

「よくいらっしゃいました。いい町でしょう、ゆっくりしていってください」

そんな気持ちが伝わってくる。

山を歩くとお百姓さんと出会う。やっぱり静かに見

06 10月になると暖炉を焚いて冬支度が始まる。農家が運んできた薪を家に運ぶのを皆が手伝う。

送ってくれる。

美しい風景に囲まれる豊かさ。生きることの幸せ。平凡な日々の生活の中に生きるイタリアの文化。その奥深さをそっと見せてくれる、メルカテッロはそんな町だ。

「メルカテッロは桃源郷だ」。皆がそう思っている。桃源郷は陶淵明の『桃花源記ならびに序』に書かれて以来、その存在が伝説的に伝えられてきた平和で豊かな理想郷だ。半世紀前までの日本の田舎はどこもそんな風景だった。

メルカテッロの人たちはもちろん陶淵明の名前を知らないが、彼ら自身はメルカテッロを桃源郷だと信じている。彼らはそのことを単純に「ベッラ（美しい）」と表現する。時にはそのものズバリ、「パラディーソ（天国）」と言う。自分たちの町は天国のように美しい、そう彼らは思っている。

自分たちの町とそれを囲む自然の山や丘、田園は天国のように美しい。彼らが「私たちの町は美しい」と言うとき、それは多くの人が住んでいる町なかと、それを囲んでいる山や田園の自然、その両方のことを言っているのだ。

07 エウロージアとヴィルマは毎朝、周りの丘や山を散歩する。朝日に映える山や町を見るとき彼女たちは、「パラディーソ（天国だわ）！」とほめたたえる。

08 町の外には美しい田園の風景が広がっている。

「私たちの町は美しい」。隣町のサンタンジェロ・イン・ヴァードと比べると、「ウチの方がずっと美しい」。なぜか彼らはすぐに隣町と比べて美しさを競いたがる。隣町でも同じように言ってるに違いない。私たちからすると、この辺りの町々はたしかに、どの町も美しい。この上なく美しい。

08

私たちはこの町々をつなぐ道筋を「イタリアの奥の細道」と名づけている。アドリア海沿いのペーザロを出てウルビーノ、そしてメルカテッロを経てサン・セポルクロ、アレッツォへ至る道筋だ。道筋に沿って真珠の首飾りのように、美しい小さな町々がつながっている。ただしウルビーノだけは、他の小さな町と同列には並べられない。中部イタリアの文化を代表する偉大な都市の一つ、町の全部が世界遺産に指定されている。ピエロ・デッラ・フランチェスカの重要な作品もここには残っている。

メルカテッロの東隣りがサンタンジェロ・イン・ヴァード。こちらは人口5000人。市街地はメルカテッロから7キロ離れている。メルカテッロに比べると市街地のつくりは明らかに規模が大きい。メルカテッロでは広場らしい広場はガリバルディ広場ひとつしかないけど、ここでは教会と町役場が少し離れたところに建っていて、それぞれに立派な広場が付いている。

サンタンジェロ・イン・ヴァードのとっておきの自慢は、10月に3週間にわたって催される「トリュフ・マーケット」だ。芸能人や政治家もやって来て、大変な騒ぎの3週間になる。

メタウロ川上流のこの辺り一帯の山では良質の白いトリュフが採れる。メルカテッロの山でももちろん採れる。大事な収入源の一つといってもいい。でもなぜかサンタンジェロ・イン・ヴァードがそのトリュフ産地の中心地ということになっている。だから町には国道沿いの木陰に、「トリュフの里」であることを宣言するモニュメントが置かれている。高さ1メートルほどの石の台座の上に、トリュフを見つけて興奮している中型犬の銅像だ。お尻を突き上げて鼻を土にこすりつけんばかりにしながら、目を剝いて「ここだ！　ここだ！」と足を踏ん張っているトリュフ犬の銅像だ。

メルカテッロの西隣りの町は、その名もずばり桃源郷（ボルゴ・パーチェ）だ。メルカテッロとボルゴ・パーチェは4キロ離れている。自らボルゴ（郷、さと）と名乗っているだけに、人口500人、そのセンターになる市街地は広場と教会、町役場、郵便局そしてバールと20棟余りの建物があるだけで、ほとんど市街地の体をなしていない。それでもちゃんと選挙で選ばれる町長がいる、一人前の自治体だ。

毎年8月最後の週末にはジャガイモ祭りで広場がにぎわう。ジャガイモを食べて広場でダンスをする。このときは町のブラスバンドが夜遅くまでぶっ続けで演奏してくれる。

　メルカテッロの両隣りの町はそんな具合だ。そのような町々がいくつもこの辺りに点在している。そんな町を訪ねてバールで休み、土地の料理を愉しむ。

　問題は足だ。レンタカーで来ていればもちろん問題ないけど、自転車を借りて近くの町を訪ねるのも手だ。自転車店「グエッラ」（cicli GUERRA）が町のすぐ外にある。メルカテッロ滞在のアドバイザー、ニコレッタ（Nicoletta Amicizia, nicoletta_amicizia@hotmail.it）も助けてくれる。車に乗せて実費で方々を案内してくれる。彼女は大学で国際コミュニケーションを専攻して、メルカテッロをもっと外国の人たちにも知ってもらいたいと考えている。20代の若さで町会議員、野党のリーダー、バレーボールチームのキャプテンという頑張り屋。わかりやすい英語とフランス語、ドイツ語、ほんの少しばかりの日本語を話す。もちろん美人だ。しかし恋人がいることは知っておいてほしい。

　メルカテッロに行けばそんな土地の人たちと会うことになる。美しい町で暮らす幸せをあなたも実感するだろう。どの町も桃源郷のように豊かで美しいが、その中でもメルカテッロがやっぱり一番美しいと、僕は言う。


（井口勝文）

20

気品ある街と友人たちの面影
トリノ

けわしい岩山の頂に、夕陽をあびてそびえ立つ城砦のような大建築。「これが、前に話したサン・ミケーレ大修道院。いつか一緒に見に行けるといいね」と、ある日トリノから届いた絵葉書には書いてあった。ウンベルト・エーコの小説『薔薇の名前』に出てくるみたいな、神秘的なけわしさをたたえたその建物と、イタリア人にしてはめずらしく物静かな友人の姿が重なった。ジャーナリズムを学んでいたこのトリノの人は、それからまもなくアメリカに渡り、今では消息がとだえてしまった。大修道院も友人の笑顔も、夢の中の記憶のように、遠い。

春の終わり、家族でトリノに旅行することが決まったとき、気分はちょっと複雑だっ

★トリノ（Torino）　ピエモンテ州州都。西にアルプス山脈を望むことができる、人口約90万人の町。サヴォイア公国の都として華やかな宮廷文化が開き、19世紀には統一イタリア最初の首都となった。フィアット社の本拠地であり自動車産業をはじめとする工業都市。

た。まるで、顔を知らない文通相手とはじめて会うときみたいに、期待と不安が入り混じっていた。自分の思い入れが大きい分、がっかりさせられたらと思うと怖い気がした。

いつ頃から、トリノという都市の名が、自分の中で特別な響きを持つようになったか、わからない。学生時代はとにかく地中海のまぶしさにばかりあこがれていたから、アルプスのふもとの寒々としたトリノなど、自分とは縁のない、はるか遠くの場所としか感じていなかったはずだ。そしてその印象は、イタリアで暮らし始めても、すぐには変わらなかったと思う。

それが1年前のまだ肌寒い3月のある朝に、リーザの死の知らせを受け取ったとき、彼女が自分の中にぽっかり残した空洞の大きさにとまどった。いつの間にか自分の中でトリノが大切な領分を築いていたことに、そのときはじめて気がついた。その小さな世界が、リーザを失ったことで、ひとつの時代を終えようとして、泣いていた。

01 丘から見下ろしたトリノの町。背後にアルプス山脈が控える。
［撮影：Paolo Rosso］

長い間私のトリノは、トリノという街の名で象徴される、空想の世界だった気がする。実際、私は本当のトリノをほとんど知らなかった。リーザと会ったのもローマでのことで、ローマに移り住んでもう50年以上にもなる彼女を、それでもずっとトリノの人と意識していたのは、思えば不思議だ。それは、いつもぴんと背筋を伸ばした、白髪のエレガントなこの女性が、若い頃戦時下のトリノでレジスタンス活動をしていたという事実が、印象的だったからだろうか。それとも、ナタリア・ギンズブルグの『ある家族の会話』の中で、「リゼッタ」と呼ばれている彼女が、ナタリアと自転車でポー川沿いを散歩する姿が、まるでこの目で見たかのように脳裏に焼きついているからだろうか。その『ある家族の会話』のことは、「自分の家族のおしっこの話まで書いてありそうな」などと皮肉っていたリーザだけれど、晩年は、レトリックを嫌い、簡潔な文章で物事の本髄をえぐり出すナタリアの才能を、本物だと言っていた。

アンナ・マリア・レーヴィも、リーザと同じく、ローマで知り合ったもう一人の忘れられないトリノ人だ。彼女がアメリカ人の夫ジュリアンと住むトラステヴェレの自宅をはじめて訪ねたとき、80近いという年齢が信じられないほどの、行動的で好奇心豊かな彼女の人柄に、すっかり魅せられてしまった。美術評論家の彼女は、若い日本人アーティストの作品や初期キリスト教美術の展覧会の話などをしてくれて、飛ぶように時間は過ぎた。けれど、私の小さな息子たちが退屈しないよう、画用紙とサインペンまで用意していてくれた心やさしいその人に、アウシュヴィッツから生還して『これでも人間か』を書き、その後自殺という道を選んだ兄、プリーモ・レーヴィのことは、最後まで訊けなかった。

ひとり暮らしのリーザは、いつもたくさんの友人に囲まれていた。とくに、自分より1世代も2世代も若い人たちと多く付き合っていた。彼女のしなやかなものの考え方の根底には、必ず物事の本質をはずさない確かさがあって、友人たちは、若い人も若くない人も、そんな確かさに触れたくなったとき、必ずリーザに会いに行く。私の夫も20年以上そうやってリーザにお世話になっていた。

最後の2年間、彼女が病院暮らしを余儀なくされてからも、彼女の病室はいつも見舞い客が絶えなかった。見舞いに行っても皆、逆に勇気づけられて帰ってきた。トリノ大学で現代史を教えるファビオも、そうしたリーザの忠実な信奉者の一人だった。2、3ヵ月に1度は、忙しい大学のスケジュールを何とか調整して、トリノからはるばるやって来た。リーザを見舞ったあとは、うちに1泊していくのがきまりになった。やさしいファビオはいつも、とびきり上等のチョコレートや、舌がとろけるようなチーズをお土産に持ってきて、私たち家族を喜ばせた。トリノは美食の街でもあったのだ。

リーザのお葬式のためにファビオがローマに来たとき、帰り際、「今度はみんながトリノに来る番だ」と誘ってくれた。「行く行く、すぐ行く」と答えたものの、ローマからトリノへの距離は、かなりある。電車で6、7時間はかかるだろう。子ども4人を連れてとなると、なかなかの大旅行だった。何か、よほどのきっかけでもないと、旅立てない気がした。それに私たちのような大家族が押しかけていって、ファビオに迷惑がかかるのではないか。そうぐずぐずしているうちに冬季オリンピックの時期になり、華やかににぎわうトリノの街を、テレビを通してぼんやり眺めたりしていた。

春になって、再びファビオが「いつ来る?」と重ねて訊いてくれたこともあり、ちょうど連休の時期に長男の誕生日が重なることもあって、ではお祝いはトリノで、ということにとうとう決まった。旅行代理店に切符を手配しに行った夫が嬉々として帰ってきて、「大発見。国鉄の家族割引の対象は5人までで、6人以上の場合は『団体』割引になる」と興奮気味に報告。飛行機の往復チケット1枚分の値段で、家族6人分の往復切符が買えてしまうのだった。

ローマ発トリノ行きの特急インターシティーは、ジェノヴァまで海岸沿いに北上し、そこから内陸部に折れて、ピエモンテ州に入る経路を、約7時間かけて走る。ローマからジェノヴァまでは、列車はずっとティレニア海をいつも左手に見ながら進むので、いつ顔を車窓に向けても、飛び込んでくる景色はその都度はっとするほど美しい。

とくにピサを過ぎて「チンクエ・テッレ」と呼ばれる地方に差しかかると、山が海岸線のぎりぎりまで迫ってくるので、列車はまるで、海面を走っているような錯覚を覚えるくらい、海の近くを通る。トンネルも多くなり、一つのトンネルが終わると、フラッシュのように一瞬まぶしい海が現れ、また次のトンネルに入って消える。短いトンネルが何度も続くと、まるで古い映写機の映像を見ているように、金色の海がコマ送りで車窓から飛び込み、そのたびに子どもたちと歓声を上げた。

オリーブ畑と松林に囲まれて点在する優雅な別荘や、狭い岩浜で早くも甲羅干しする人の姿など、景色はどこまでも地中海の明るさにあふれていて、なんだか北の街トリノに向かっているのが嘘のようだ。出発前のぼんやりとした不安は吹き飛んでいた。

夜9時にトリノのポルタ・ヌオーヴァ駅に着いた。ファビオと奥さんのデニーズが、車で迎えに来てくれていた。車を運転するのは、いつもデニーズだ。ファビオは子どもの頃から極端に視力が弱く、いつ失明してもおかしくない状態だった。負けず嫌いのファビオは、友達と一緒に自転車にも乗ったしスキーもしたけれど、それは目をつぶってやっているのと同じくらい、危険極まりなかった。ほとんど視力がないのに、運転免許も取った。盲人用の免許があったわけではない。ナポリに行ったから、取れたのだ。ナポリは、不可能を可能にしてくれる街だから。もちろん、運転はその後一度もしなかった。

日が暮れて間もない薄い闇に包まれて、美しく年月を重ねた建物たちが、気品高く浮かび上がる。時にはバロック調の、時にはリバティー様式の、どれも魅惑的なバルコニーが窓を飾り、道行く私たちを見下ろしている。子どもたちが口をそろえて「外国みたい」と言う。下の娘は、トリノでもユーロが使えるのか、と心配して尋ねた。たしかに、同じイタリアとは思えないほど、ローマの街並みとはおもむきが全く違う。

イタリア統一以前は、トリノは明らかにフランス文化圏の都市だったとはいえ、今でも雰囲気までこうも歴然と違うのは、本当に不思議だ。トリノでは、装飾の様式はさまざまでも、建物の色や高さが見事に統一されている。長いこと王様のいる宮廷が支配した街だから、格調があるのだろうか。規則的な街並みや堅固な建築は、奔放な地中海人とは違う、アルプスに囲まれた北国の民の実直さの表れのような気もする。

案内されたファビオとデニーズの家も、リバティー様式の上品で落ち着いた建物の中にあった。ドアを開けるなり、大きな犬のアラベルが抱きついてきて誰かれかまわずなめまわしたものだから、めずらしく緊張気味だった子どもたちも、ほっとして笑い声を立てた。

翌日私たちは、トリノ人ご自慢の、新しくできた地下鉄に乗って出かけた。運転士もいない完全自動のこの地下鉄は、車両の一番先頭も窓になっていて、まるで自分が運転しているような気分が味わえる。スーサ門前で降りて、そこから街の中心に向かって私たちは歩き出した。

冬季オリンピックの開催地になったおかげで、トリノの街はすっかりきれいになっていた。まるで年老いた貴婦人のように、上品だけれど灰色で少しメランコリックな雰囲気の街を想像していたけれど、今のトリノは、何かまた新しいことが起こりそうな、若々しいエネルギーがいたるところで感じられる街に生まれ変わっていた。

街並みに重々しい品格を与える列柱のアーケードは、長年の汚れを落としてさっぱりとすがすがしく、かつて巨大な駐車場と化していたサン・カルロ広場は、車が通行止めになって、優雅な市民のサロンとしての姿を取り戻していた。古代ローマ時代の城門ポルタ・パラティーナの周辺は、大聖堂のすぐ近くであるにもかかわらず、以前はさびれて風紀も良くない場所だったのが、今は区画整理されて新しい公園もでき、すっかりおしゃれな地区に生まれ変わっていたし、ヨーロッパ最大の面積を誇る、混沌雑然としたポルタ・パラッツォの市場は、精鋭の建築家フクサスが手がけたガラス張りの建物を中心にして、がらりと明るい雰囲気になっていた。

興味深かったのは、このあたり一帯、中近東や北アフリカ系の移民たちであふれかえっていたことだ。休日で市場も閉まっているその日、広場に集まっていた男たちの中に、トリノ人の姿はほとんどない。パリのアラブ街のように、ケバブを売る店があちこちにあって、強烈なスパイスの香りが漂ってきた。

エレガントなアーケードや広々とした舗道に促されるように、私たちはトリノの街を縦に横に歩き回った。いつも涼しい風が吹いていて、少し汗ばむ肌に心地よくあたった。歩き疲れたら、古めかしい店構えや内装が美しいカフェに座って、足を休めればいい。さすが宮廷のあった街だけにチョコレートやお菓子の老舗も多く、かつてトルストイやニーチェを魅了したトリノの華やかなカフェ文化は、今もその面影を色濃く残している

02 古代ローマ時代に建造された城門、ポルタ・パラティーナ。
［撮影：Paolo Rosso］

03 モーレ・アントネッリアーナのクーポラ。
［撮影：Paolo Rosso］

ようだ。

　古いものと新しいものが調和するトリノでも、古いのにびっくりするほど現代的なデザインの「モーレ・アントネッリアーナ」は、とても奇妙な建造物だ。トリノの街のシンボルでもあるこのモニュメントは、並外れて巨大な四角いクーポラを持つ。そのクーポラのてっぺんに、もう一つ小さなギリシャ神殿風の建物が載っていて、そこからさらに長い長い尖塔が天高く伸びている。その高さは１６５メートル。建物の高さがきれいに統一されたトリノの街で、このモニュメントだけが、ぬっと突き出ている。遠くから近くからその姿を見上げるたび、その不思議な美しさに打たれる。

　１８６３年に奇才の建築家アレッサンドロ・アントネッリによって設計されたこの建物は、当初はユダヤ教の礼拝堂として考案されたものだという。けれども、常軌を逸脱した規模とデザインのあまりの奇抜さゆえに、ユダヤ人からも拒絶されてしまって、市の建物として一応完成したあとも、利用するすべがなくて長い間放置されていた。近年になって、映画博物館としてようやく改装オープンし、クーポラの上の展望台にも登れるようになった。

高いところが大好きな私たち家族としては、トリノに来てこの塔に登らないわけにはいかない。パリのエッフェル塔のときは、エレベーターに乗る長い列に我慢できず階段で登ったけれど、ここはエレベーターでしか登れないので、根気よく列に並ぶしかない。そうしてようやく乗り込んだガラス張りの透明なエレベーターは、建物内部の巨大な空洞の真ん中をするすると上昇してクーポラの天井を突き抜ける。映画博物館の展示を見下ろしつつ頂上へと吸い込まれていく感覚は、かなり面白い。外から見たクーポラの上のギリシャ風神殿が、展望台だった。

展望台に出て四方を見渡すと、トリノの街のつくりが本当に手に取るようにわかる。王宮と、マダマ宮のあるカステッロ広場を中心に、規則正しく直角に交差する道が東西に走っている。この街について、「ひとに倫理性を課し、その倫理性の果てに狂気へといざなう」と言っていたイタロ・カルヴィーノの言葉が浮かび、この街をこよなく愛したニーチェや、心身ともにぼろぼろになるまで働いたアントニオ・グラムシの、悲しい最後のことを思った。この街で自ら命を絶った、プリーモ・レーヴィやチェーザレ・パヴェーゼのことを思った。

街の東を見下ろせば、そのパヴェーゼが毎夏ボートを漕いだポー川が、ゆったりと流れている。今度は西に、チェルナイア街を探した。ナチの警察に追われて間一髪で逃げ出したリーザが、もうすぐ生まれてくる子のために用意した上質な衣類一式だけはあきらめきれなくて、危険を冒して取りに戻った、そのアパートがあった通りだ。その方角は、午後の傾き始めた日の光にひときわまぶしい。目を細めてさらに遠くを見やれば、はるかスーサの方角に、小さくサン・ミケーレ大修道院のシルエットがみとめられた。

あの友人は夢を叶えただろうか。私には、リーザが去って、大切な本たちと、今のトリノの姿が残った。眼下に広がる石畳のどこかに、これからたどるべき道も見つかるだろうか。

呼ばれて振り返ると、子どもたちが折った紙ひこうきが展望台からひらりと宙に舞い、白く光ってポー川のほうに消えるのが見えた。

（清水里香）

04トリノの町を流れるポー川。
［撮影：Paolo Rosso］

第4部

北へ南へ、魅力あふれる町をめぐる

21

美と芸術を育む町へ
北部イタリア

ヴェローナ

ヴェローナの町の中心部には円形闘技場がある。ローマ時代に建てられたもので、夏に野外オペラがかかることで知られている。見学は年間を通して可能だ。中に入ったらまず観客席に注目してほしい。薄いピンク色をした大理石で造られていて、「かわいい」感じがする。造られてからずっと使われ続けたからか、かなりすり減っており、指でなぞればすべすべとした肌触りが伝わってくる。

適当な場所を選び腰かけてみる。夏ならひんやりとした大理石の感触がお尻から伝

★**ヴェローナ**（Verona）　ヴェネト州ヴェローナ県。蛇行するアディジェ川に囲まれた人口約26万人の町。中世にスカリージェリ家などの統治の後1405年にヴェネツィア共和国の保護下に入り、商業の中心地として発展した。ローマの円形闘技場のほか、中世の城カステルヴェッキオも見どころ。

わってきて、闘技場の中心部、つまりローマ時代なら格闘技が繰り広げられ、現代なら歌劇「アイーダ」でも演じられる場所を眺めながら、しんと静まり返った中で思いをめぐらせるのも良い。ついでに、腰かけている大理石も見てほしい。かつて太古の昔、海中に少しずつ堆積した貝殻などが地殻変動で地表に現れたという大理石から、化石のひとつも見つかるかもしれない。私は2センチくらいのアンモナイトと思しき巻貝を発見した記憶がある。

ヴェローナで数年前、市の中心部で長く骨董商を営んでいたイタリア人の女性を訪ねたことがある。彼女は老齢で、近く店を閉める予定であった。店に出入りしていた客の話を人づてに聞いていたので、その客層からするとかなり貴重なものがあるだろうと思い、どんなものが残っているのかと、小さな店を覗いてみた。しかし店内には、20世紀初頭の油絵とか、小さな珊瑚の指輪などが並べてあるだけで、当然なことに、たいしたものは置いていなかった。彼女の話では、あらかたのものはすでに処分してしまったという。

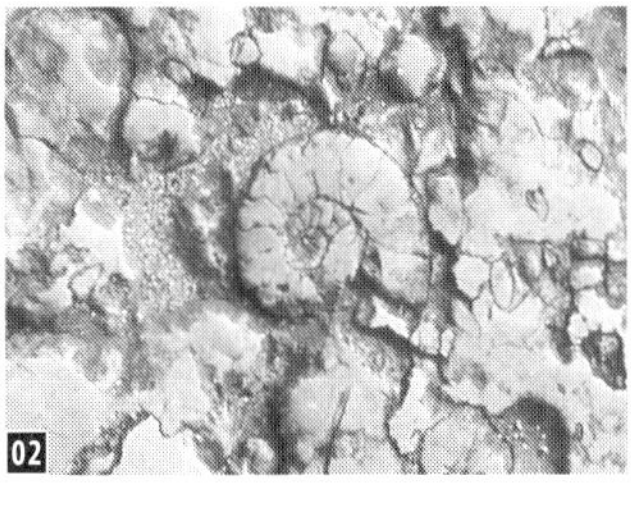

01 ローマの円形闘技場を観客席から見下ろす。夏の夜、野外オペラがここで開催され、客席は多くの人で埋まる。
02 大理石で造られた闘技場の客席で見つけたアンモナイトの化石。

部屋の奥に座る女主人の近くに、もう一人、年の頃なら60歳がらみの女性が座っていた。友人だという。初対面のその人は私のことを知っていた。3人は世間話から始め、やがて共通の知人の話になった。宝石や貴金属は財産であり、所有者が必要なとき、いつでも現金に換えることができ、しかも税務署に把握されずに済む便利な点を備えている。この知人もコレクションを処分するときが来たようで、店の主人はずいぶん働いたという。宝石をちりばめたネックレス、18世紀の銀器などが含まれていただろうと想像を膨らませたが、もちろん詳らかな話にはならなかった。女主人は2年前にこの世を去った。最後の商いとなったコレクションに、どんなものがあったのだろうか、知人の人生や人となりを知る上でも、もっとよく聞いておくべきだった、と今も後悔が残る。

（内田俊秀）

パドヴァ

ここでは、小さな礼拝堂に行くことをお勧めしたい。スクロヴェーニ礼拝堂である。場所はパドヴァの駅から南へ徒歩で10分もかからない距離だ。今はアレーナ庭園の中に立っているが、14世紀に造られたときには、周囲にいくつかの建物がある中の地味な礼拝堂であった。いまでは隣接していた邸宅は消え、礼拝堂だけが周囲から浮き上がって、そののっぽの建物がぽつんと立っているという感じだ。

★パドヴァ（Padova）　ヴェネト州パドヴァ県。人口約21万人。紀元前1世紀にはブレンタ川の水運を利用した貿易で繁栄していた。町は7世紀に破壊されたが、中世の自由都市となり、カッラーラ家の統治下で経済・文化的発展をとげる。1222年創立のパドヴァ大学は世界最古の大学の一つ。

建物の室内には壁画が描かれていて、それを見に世界中から見学者が訪れる。しかし、内部に入るには少し時間がかかる。入場制限をしているため、前のグループが建物から出てしまうまで待つ必要があるからだ。このような拝観システムは、イタリアの観光地では最近とくに多く見受けられる。制限の目的は、壁画の保護である。ここの場合は、壁の仕上げに使われている漆喰に、見学者の排出する炭酸ガスや体温による室温の上昇が、悪影響を及ぼすからだ。また、汚染された外部の空気の侵入を防ぐため、入り口は二重扉となっている。入場者数の制限は、観光と文化財保護のせめぎ合いを垣間見せている。

数年前の冬にここを訪れたときは40分くらい待たされた。内部はバスケットコートくらいの広さだが天井が高い。10メートル以上はあろう。天井はかまぼこ型に造られており、緩やかな曲面をつくっている。この天井から側壁まで、すべて極彩色の宗教画が埋め尽くす。イエス・キリスト

03 スクロヴェーニ礼拝堂。
04 礼拝堂に描かれた壁画、ジョット「最後の審判」。

の生涯を、いくつかの有名な場面を時系列に沿ってつなぎ、描き出している。詳しい解説は美術書などでお読みいただきたいが、注目してほしいのは、入り口の上に描かれた「最後の審判」の絵の下の方の、ミニチュアのような建物を差し出すスクロヴェーニ家が描かれている部分だ。スクロヴェーニ家は、銀行家の家系といわれているが、家族はこの建物を造り教会に捧げることで、どのような贖罪を願っていたのだろうか。十字架を境に右側に描かれた地獄の風景があまりにも凄惨すぎ、それを考える前に思考が停止してしまう。

（内田俊秀）

ヴェネツィア

ヴェネツィアはどんどん沈んでいっている。それは地盤だけではない。歴史地区の人口もそうである。1960年代に比べると、いまでは半分の6万人くらいに減ってしまい、「ヴェネツィアのお葬式」という半笑い・半泣きのイベントを実施した住民団体さえある。これ以上減ると、心が抜けた空箱みたいなテーマパークになってしまうのではという懸念が強い。

観光が主な収入源のヴェネツィアだが、物価はとても高い。物価が高くても、観光客にとっては少し我慢や工夫をすれば済む問題だが、住民にとっては深刻でやりきれない。食料品店は土産物店に生まれ変わり、住宅はホテルになったり、手芸の伝統が消えたり、

★ヴェネツィア（Venezia）第15章参照。

建物のメンテナンスは水害などで馬鹿にならないとか。観光はありがたい資源であるが、多すぎると毒になり町を殺しかねない。

　しかしながら、ヴェネツィアに行く気がなくなったとは絶対に言わないでほしい。世界一美しい町へ、足を運んでみるべきである。気候変動で沈む前に。

05 ヴェネツィアの大運河カナル・グランデにかかるリアルト橋。建造は16世紀末。［撮影：Mauro］

　最低限に見学するべきはサン・マルコ大聖堂、サン・マルコ広場、ドゥカーレ宮殿、リアルト橋、ため息橋、サンタ・マリア・デッラ・サルーテ聖堂である。時間があれば、宝探しのつもりで、コンタリーニ家のボヴォロ階段をめざすのが楽しい。迷子になっても、ガイドブックに載っていない建築や風景にも出会える。マニン広場から看板に従って狭い小道に入ると、目の前にボヴォロ（らせん）階段が現れる。上に登るとその眺めに息をのむ。

　もうひとつあまり知られていない建築はサンティ・ジョヴァンニ・エ・パオロ広場、サンティ・ジョヴァンニ・エ・パオロ聖堂。となりに

06 夕日を背にしたサンタ・マリア・デッラ・サルーテ教会。［撮影：Mauro］

ルネッサンス風の教会のような建物があるが、それはなんと病院（サンティ・ジョヴァンニ・エ・パオロ病院）である。世界一綺麗な外観を持つ病院だといっても過言ではないだろう。

レストランで食事をするにはかなり金がかかるのだが、お手頃な食事ならリアルト橋の近くの、市民が多く通う惣菜屋「ロスティッチェリア・ジスロン」がおすすめである。

ヴェネツィアは、水と建築の視覚的な美しさだけでなく、聴覚でも楽しめる。車のない生活の静けさ、冬の夜に石畳の道に響く足音、夜零時に聞こえるサン・マルコ大聖堂の鐘音。眼をつむって、音だけ聞き入ってみる。もしも自分がヴェネツィア生まれだったらと想像すると、いっそうこのユニークな町が味わえるのではないだろうか。

（マリレーナ・マリンチョーニ）

ラヴェンナ

アドリア海に近い北イタリアのこの小さな町は、6世紀くらいに作られた教会のモザイク壁画で有名だ。ローマ時代の床に張られたモザイクもカラフルだが、ここで使用されている色にはとくに金色が多い。教会の内部に入ると、窓越しに射し込んだ外光が壁のモザイクに反射し、人は金色の光に包まれる。至福の時とはこんな瞬間を指すにちがいない。ここでは、郊外のサンタポッリナーレ・イン・クラッセ教会と、これとは雰囲気の少し違う、市内のサン・ヴィターレ聖堂を紹介しよう。

初期キリスト教遺跡として世界遺産に登録されたサンタポッリナーレ・イン・クラッセ教会は、市内からバスで15分くらいの所にある。奥行き50メートルと縦に長い建物は、積み上げた煉瓦の茶色が周囲の田園地帯に浮かび上がり、コントラストを作っている。

ラヴェンナの生い立ちは、アドリア海に面した古代ローマ時代の軍港であり、この教会の入り口付近には当時の大理石製の遺物が並べられている。教会は窓が大きく開放感がある。入って一番奥の後陣と呼ばれるドームの

★ラヴェンナ（Ravenna）　エミリア-ロマーニャ州ラヴェンナ県。人口約16万人。5-8世紀にかけて西ローマ帝国、東ゴート王国、そしてビザンチン（東ローマ）帝国の首都として栄えた。金色のモザイク画で施された聖堂や礼拝堂などの当時の建築物がいまも残る。

07 サンタポッリナーレ・イン・クラッセ教会の後陣ドームのモザイク画。聖アポリナリスの左右に十二使徒を表す12匹の羊が並んでいる。

下半分に施されたモザイク画は、森や草原の風景を緑色を多用して描き出していて、とりわけ白い羊たちが目立つ。彼らはわれわれ、迷える人間を象徴するとも見えたが、12匹で「使徒」を示している。キリスト教世界の理想郷を描いているのだろう。この教会は観光客も少なくゆっくり見学できるし、1時間に2本くらい市内と往復しているバスの乗り場もすぐ近くにある。

サン・ヴィターレ聖堂は6世紀に建てられた、小ぶりのがっしりとした建物である。したがって窓の数も少なく内部は暗い。入ってから目が慣れるまで少し時間がかかるが、壁のモザイクは金色主体の絢爛豪華な、まさにビザンチン壁画である。ヴェネツィアのサン・マルコ大聖堂や、トルコのイスタンブールにあるいくつかのキリスト教壁画を思い出させる出来栄えだ。しかも人物描写が力強い。私は後陣と呼ばれる半円形に出張った部分の両側に描かれている、横一列に並んだ預言者たちの図柄が私は気に入っている。彼らの顔つきは何か親しみを感じさせるのだ。

金色のモザイク片を分析したことがある。ローマの近くで発見された中世の製品であったと記憶している。1センチ角くらいのサイコロ状をしていたが、透明なガラスにサンドイッチのように挟まれた薄い薄い金の箔が、光を反射して輝く仕掛けで、その技術の高さに驚かされた。

（内田俊秀）

08 サン・ヴィターレ教会に描かれた「ユスティニアヌス帝と廷臣たち」のモザイク画。

カッラーラ

大理石の産地といえば、イタリアではカッラーラである。ヴェローナから真南に150キロくらい下ったトスカーナ州の北の端にある。いまでも石を切り出しており、山全体、一皮剝げば白い大理石というものだ。かつてミケランジェロもここから大きな石を切り出し、作品を作った由緒あるところだ。当時は、長さ3メートル近くある大きな塊を台車に載せ、木の「ころ」の上を滑らせ山を下り、平地では牛に引かせて工房まで運んだのだろう。現代では、トラックで輸送するし、切断作業も機械を使い容易になっている。ちなみに、多くの彫刻家が近くに住んで作品の制作に励んでいる。彼らの工房の近くには未完成品や失敗作が所狭しと並んでおり、日本人の彫刻家も工房を構えているという。彫刻家の聖地なのだろう。

カッラーラの大理石は、ギリシャ産に比べ透明度が低く、場合によっては白く濁っているようだと、一般的には言われている。表面がガラスのように透き通った、古代ギリシャの彫刻作品を見ると、その出来上がりの完璧さも手伝って、ローマ時代のコピーは鋭さが欠けていると思わざるをえない。だが、カッラーラの大理石には、乳白色の深みのようなものも感じられ、石の塊は、部分により少しずつ異なった質感があるようで、それをどう生かすかにより作品が変わってくると思われる。ルネッサンス期以降の大理石製の作品になると作品の趣が変わり、出来栄えは引けをとらないものが多いのは、こ

★カッラーラ（Carrara）トスカーナ州マッサ-カッラーラ県。人口約6万5000人。古くから大理石の採石場として有名。見どころは12世紀建築のロマネスク＝ゴシック様式のドゥオーモで、白と灰色の大理石で縞模様を施し、見事なバラ窓を持つ。

09 カッラーラの町。背後の山肌は大理石の広大な採石場になっている。
［撮影：g.sighele］

のあたりに原因もあるのだろうか。

不思議なことといつも思うのだが、この頃のミケランジェロなどの作品に途中で制作を放棄してしまったものがある。どうして作りかけのままにしてあるのだろうと疑問に思っていた。カッラーラを訪れた際、大理石を刻む工房の周辺には、作りかけの塊がいくつも放置されていたし、彫刻家をめざす学生の宿舎のあたりには、人体の頭部や上半身と思しき白い大理石の塊が無造作に転がっていた。これらは途中で失敗したとあきらめたものであろう。しかし、著名な作家は、あらかじめ粘土などで小さなモデルを作り、イメージを固定してから本格的な石の加工に進むから、美術館に展示されている制作途中の作品は、失敗作とは考えられない。これ以上の推論は、美術史家にお任せしたほうがよいのだろうが、もしかしたら、大理石の塊が、作家に訴えかけたものがあり、それが作家本人の意図したものと異なるのに、途中で気がついたからかもしれない。

（内田俊秀）

22 中世の余韻にひたる愉しみ 中部イタリア

サン・ジミニャーノ

深い紺色の夜空にほのかに浮かぶ14本の石の塔。中世の底知れない闇とロマンの世界を偲ばせるサン・ジミニャーノの夜だ。ここではぜひ1泊してほしい。夜のサン・ジミニャーノは人の通りも絶えてひっそりと静かだ。夕方8時を過ぎると、日帰りの観光客が去ってしまった町は、昼間の沸き返るようなにぎわいがまるで幻だったかのように静まってしまう。通りを歩くと小さな窓から明かりが漏れてくる。人里離れた町の生活の静かなぬくもりが、古い石の壁を通して伝わってくる。まだ20代だった私が、はじめてサン・ジミニャーノのを訪れた頃とそのぬくもりは変わらない。

★サン・ジミニャーノ（San Gimignano）
トスカーナ州シエナ県。人口約7800人の丘の上の町。町全体が世界遺産に登録されている。繁栄した12-14世紀に富と権力の象徴として、多いときには72もの塔が高さを競って建てられた。現在残る塔の数は14。最も高いグロッサの塔のある市庁舎の内部は市立美術館。

昼間のあのにぎわいは何だったのだろうか。昼間のサン・ジョヴァンニ通りからチステルナ（井戸）広場、ドゥオーモ（大聖堂）広場、サン・マッテオ通りへと抜けるメインストリートは、世界中からやって来る観光客であふれている。

明るい黄色やオレンジ色の壺や皿が、店内いっぱい、壁と床にびっしりと並んだ店が続く。「醸造所直売」と書かれた看板を掲げたエノテーカは、趣向を凝らしたデザインでワインを並べている。トスカーナ地方のさまざまなチーズ、生ハム、サラミ、オリーブ、パスタ。そして絵葉書、カレンダー、ポスター、写真集。ブティックや帽子店、画廊、私設のミュージアム。ホテル、レストラン、バール、カフェテラス。ありとあらゆるお土産屋さんと飲食店が混み合って、ここは間違いなく、「世界一濃密な観光ストリート」だ。

町には3つ星ホテルが4軒ある。そのどれもが中世以来の建造物に手を入れて、快適でお洒落なホテルに変えたものだ。トスカーナの丘を展望する素晴らしい眺めのレスト

01 高さ54メートルのグロッサの塔に登ると、サン・ジミニャーノの町のすべてと田園の風景が展望できる。
02 生ハム、サラミ、ペコリーノチーズ、ブルスケッタそしてワイン。広場ではビールも美味い。

ラン、この土地ならではの味が楽しめる地産地消のスローフード・レストラン、ここではゆっくりと流れる豊かな時間に身をまかせよう。

陽が落ちた頃、ほのかな街灯に照らされた夜の街を歩く。

さすがに、メインストリートのチステルナ広場には昼間の余韻が残っていて、そこだけが明るいバールのテラスに、にぎやかな人影が見られる。でも広場を少し離れると、街はすっぽりと薄闇につつまれて静かにたたずんでいる。通りの片隅で、わずかな明かりを灯して顔を寄せ合うように、人々は食事のテーブルを囲む。裏通りの奥まったレストランに、吸い込まれるように数人の客が入っていく。ほんのりとライトアップされた石の塔が、暗闇と見まがうばかりに深い紺色の空を背景に浮かび上がる。

エルバ広場のカフェテラスに座る。大聖堂（ドゥオーモ）の脇の広場だ。広い広場の一角で、そこだけが少し明るい。

地元産のワイン「ヴェルナッチャ・ディ・サン・ジミニャーノ」をゆっくりと飲む。店の奥から若者の騒ぐ声がもれてくる。ドイツ人の小グループ、アメリカ人の若いカップル、そして日本人の私たち夫婦。そんな連中が

02

中世の夜の街に浸る。目の前に双子の塔が黙ってぬっと立っている。ドゥオーモの向こうに、町で一番高いグロッサの塔が見える。その左手にひかえめなロニョーザの塔。

振り返れば悠然としてドゥオーモの鐘楼。時を告げる鐘の音、夜はゆっくりと更けていく。

サン・ジミニャーノは、14世紀に大いに栄えたのちに急速に衰退した。町を通る主要街道であったフランチゼーナ通りがそのルートを変えたのだ。ルネッサンスもバロックも近代も全部、サン・ジミニャーノを素通りしていった。わずかにドゥオーモに残されたドメニコ・ギルランダイオとフィリッポ・リッピの壁画が、この町もルネッサンスと無縁ではなかったことを伝えている。

人間の悠久の営みを、中世の町サン・ジミニャーノの夜は私たちに静かに語ってくれる。

（井口勝文）

ピエンツァ

ピエンツァと言ってもぴんとこないかもしれない。けれども世界遺産の町だと言えばぴんとこないわけがない。ピエンツァ市街の歴史地区は１９９６年に世界遺産に登録され、２００４年にはピエンツァが位置する地域「ヴァル・ドルチャ（オルチャの谷）」も

★ピエンツァ（Pienza）　トスカーナ州シエナ県。オルチャの谷に位置する人口約2200人の町。15世紀にコルシニャーノと呼ばれた村落にピウス２世によって建設された町で、フィレンツェの建築家ベルナルド・ロッセッリーノによって都市計画が行われた。

登録された。

ピエンツァは人口2230人くらいの小さな小さな町である。だが、ルネッサンスが凝縮されたような、ルネッサンスのエッセンスのような町である。1459年に、旅の途中でたまたま立ち寄った故郷を「理想都市」に変えさせたのが、ピウス2世という教皇であった。ピウス2世の本名はエネア・シルヴィオ・ピッコローミニ。博識で鋭い審美眼の持ち主で、建築家のベルナルド・ロッセッリーノとの共感が実ってわれわれにピエンツァ（名はピウスに因む）を遺してくれた。

ピエンツァへのアクセスだが、シエナから50キロくらい離れている。車だと1時間あれば行けるが、平日に限って1日5、6本しかないバスで行くと1時間15分くらい。丘の上に建っているこの町は、年代ものの一流ワインと同じように、ゆっくりと味わってほしい。周りを見回しながら急がず歩く。迷子になる心配もなく、自然と一番有名な場所まで進むことができる。ピウス2世広場である。台形の広場は、見事な教会（ドゥオーモ）を前にすると、正方形のように見える。ドゥオーモは、窓が大きく中は明るい。ドゥオーモの正面を見上げると、ピウス2世の紋章が確認できる。左側にある八角形の鐘楼も目を引く。ドゥオーモの右側にピッコローミニ宮殿があり、壁面は浮き出し飾りの石積みが印象的である。

03ピウス2世広場にある、ベルナルド・ロッセッリーノ設計の石井戸。

個人的には、宮殿の前にあるロッセッリーノ設計の石井戸が好きである。ピッコローミニ宮殿の中庭から見える景色は傑作である。人間が手を加えた田舎風景は、自然と人間の共存の象徴で、イタリアの心そのものである。

ピエンツァの意外なグルメ食品は、羊乳で作るペコリーノチーズである。5月の第2週土・日に花祭り、9月の第1週土・日にチーズ祭り、4～12月の第1日曜にヴァル・ドルチャの有機食品等の市場が開催され、地元の人や観光客が集まって大いににぎわう。

（マリレーナ・マリンチョーニ）

ウルビーノ

ウルビーノは、アドリア海から少し山の中に入った中世の小さな町である。私は海辺の町ペーザロからバスで約1時間かけて行った。路線バスの終点で降りると、目の前に急勾配の斜面が立ちはだかり、ドゥカーレ宮殿の大きな建物がそびえ立つ。15世紀にこのあたりを支配したフェデリコ3世の城だ。彼の肖像画は、赤いマントを着て鉤鼻の目立つ大きな横顔で有名だが、今はフィレンツェにある。

ここにはもう一つ見るべきものがある。ラファエロの育った家だ。ドゥカーレ宮殿を後にして坂を下り、再び上り始めると、程なくして左側にその2階建ての家はある。特別に大きいとか、装飾が多いというものではない、周囲の家となんら変わりない造りだ。

★ウルビーノ（Urbino）　マルケ州ペーザロ・エ・ウルビーノ県。人口約1万6000人。2つの丘の上にあり城壁で囲まれた町。12世紀以来モンテフェルトロ家が統治して繁栄し、15世紀のフェデリーコ3世の時代に全盛期を迎えた。ルネッサンス建築の一つ、ドゥカーレ宮殿は国立マルケ美術館として公開されている。

中に入ると奥に中庭があり、これを囲むように2階建ての部屋がぐるりと「ロ」の字型に囲んでいる。どこかの部屋で彼は寝起きをし、少年の頃から、ときどき絵も描いていたのだろう、などと想像は膨らむ。

この家を訪れる数年前、私はウィーンの美術館で、偶然ラファエロの素描画展を見る機会があった。いくつかの国に分散しているものを、一堂に集めてあり、「トスカーナは素描が良い、ヴェネツィアは色彩だ」と言わしめたデッサンを目にする機会があった。展示会そのものは非常に地味で、はがき2~3枚の大きさの紙に、茶褐色の線で、裸体や人体の一部などをデッサンしたものが100枚以上、ケースの中に並べられていたのを覚えている。そこでカタログが販売されていたが、B4判で厚さ3センチくらいあり見るからに重そうで、旅の途中でもあったので買うのを躊躇した。

しかしウィーンから帰って、その躊躇が悔やまれた。あの本はもう手に入らないのではないかと思い始め、後悔は増すばかり。そんなことがあったので、この家を後にするとき、家のガイドさんに本はあるか尋ねて

04ウルビーノ大公フェデリコ3世を描いた、ピエロ・デッラ・フランチェスカ「フェデリコ・ダ・モンテフェルトロの肖像」(ウフィツィ美術館蔵)。
05くすんだオレンジ色の屋根瓦が続くウルビーノの町並み。

みた。すると2冊だけあるというではないか。即座に買い求めたのは言うまでもない。最近、時間ができるとこの厚い本をひらいては、あの小さな家を思い出す。（内田俊秀）

オルヴィエト

オルヴィエトは、木の切り株状に盛り上がった大地の上に築かれた異様な町だ。外から見るその異様さに惹かれて、私はつい何度もオルヴィエトを訪ねてしまった。

町のすぐ外に美しい庭に囲まれて、この上なく優雅なレストランがある（LA BADIA, www.ristorantelabadia.it）。ここから見る丘の上の町の眺めは素晴らしい。しかし町に入ってしまうと、町の風景は意外と平凡だ。でもその平凡さの奥に、実はいろんなかくし味が仕込まれている。幕の内弁当みたいに、コンパクトに名所が詰まった町。オルヴィエトはそんな町だ。よく知られている大聖堂（ドゥオーモ）のモザイクや古代史博物館のほかにも、一見の価値のある観光名所がいくつもある。

町は高さ100メートルの切り立った崖の上にある。その崖の中腹に設けられたウッドデッキの空中回廊を歩くと、周囲の素晴らしい田園風景を展望することができる。

町の下には、紀元前のエトルリアの時代から続く巨大な地下都市が眠っている。そこにはガイド付きの「アンダー・グラウンド・ツアー」が用意されている。町と鉄道駅とをつなぐケーブルカーにも乗ってみたい。

★オルヴィエト（Orvieto）　ウンブリア州テルニ県。中世の町並みを残す人口約2万1000人の町。多彩な装飾が施されたファサードをもつゴシック様式の大聖堂が有名。岩盤の上にある町へは、ふもとにある鉄道駅からケーブルカーで登ることができる。特産の陶器もよく知られている。

深さ52メートルの地の底まで、らせん階段を歩いて降りていくサン・パトリツィオの井戸も見逃せない。ルーカ・シニョレッリが描いたドゥオーモの奇怪な祭壇画もじっくりと鑑賞したい。見たいところがいくつもある。そしてあなたがこれらを全部やったとしても、夕刻のカヴール通りを歩く愉しみを経験しなかったら、「全く惜しいことをしたね」と私は言ってしまう。

夕刻のカヴール通りはにぎやかだ。「何でそんなに愉しいの？」そう聞いてみたくなるほど晴れやかで愉しそうな顔、顔、顔が町にあふれている。小さな町のにぎわいが、ここに集中しているのだ。

歩いてみるとその親密な愉しさが伝わってくる。通りに沿って何軒ものレストラン、カフェ、ピッツェリアがテーブルを並べている。どこも満席だ。奥まった中庭にもカフェテラスが出ている。そこで演奏中のバンドの音が通りまで聞こえてくる。ディスコには若者が集まっている。それが外から見える。まだ客はまばらだけど、きっとこのあと夜遅くまで盛り上がるのだろう。

ブティック、高級な装飾品の店、手作り

06 町一番のシンボルはドゥオーモ。イタリア・ゴシックの華といわれる見事な建築だ。

07 町のにぎわいはカヴール通りに集中している。わき道にもその愉しさは広がっていく。

作家の装飾品の店、ウンブリア地方特産の食品店、エノーテカ（ワインの店）、画廊、書店、陶器店。

そんな店のウィンドーを覗きながら歩く。

通りの西の端は大きな共和国広場だ。四方から人が入ってきては通り過ぎていく。手前に高校生のグループがたむろしている。そこを小型の三輪トラックが抜けていく。広場の端のサンタンドレア教会の前から見下ろすと、広場はまるで働き蜂の巣を見ているようにめまぐるしい。

共和国広場のすぐ近くに、48種類のピザをそろえたレストランがある（La Taverna dell'Etrusco, www.tavernaetrusco.it）。広場のにぎわいはその中までつながっている。

にぎわいはカヴール通りから折れてドゥオーモの方へも続いている。ドゥオーモ広場に出ると突然街は静かになって、見事なモザイクで飾られた大聖堂が夜空にほんのりと浮かび上がる。広場の灯りは控えめで、ここでは皆が恋人同士のように声を低くしてひっそりと食事をする。

オルヴィエトに行くなら、ぜひとも1泊してほしい。そしてこの小さな街のざわめきと静けさを、堪能してほしいのだ。大きな街では決して経験できない、親密なにぎわいを愉しんでほしい。

（井口勝文）

アッシジ

アッシジのサン・フランチェスコ聖堂とその関連遺跡群は、2000年に世界遺産に登録された。イタリア人にとって、アッシジと言えば、聖フランチェスコを連想するのが自然である。聖フランチェスコは、「聖人の中で最もイタリア人らしく、イタリア人の中で最も聖人らしい」と教皇に言わしめたイタリアの守護聖人である。彼は1182年生まれだが、その人物像や生きざまは現代人の心も惹きつけ、感動を及ぼす。裕福な家庭に生まれたが回心して、福音の教えに従おうと財産や地位を全部捨てた。ずっと清貧で修行し、放浪し、説教に一生を捧げた。

彼の死後、サン・フランチェスコ聖堂が建てられて、そこに墓がある。サン・フランチェスコ聖堂は

★アッシジ（Assisi）　ウンブリア州ペルージャ県。人口約2万8000人。ローマ帝国の自治都市として紀元前1世紀には町が形成されていた。ユネスコ世界遺産としてだけでなく、聖フランチェスコの生地でありカトリックの巡礼地として、世界中から多くの人が訪れる。

08 アッシジのサン・フランチェスコ聖堂。
［撮影：内田俊秀］

アッシジで最も大きく有名な建築物である。建築様式が上下2段に分かれていて、上はゴシック様式、下はロマネスク様式という傑作である。1997年の地震でダメージを受けたが、完全に修復された。聖堂は見事で、優雅である。中に入ると、外観とのコントラストに圧倒される。外は単色で簡素だが、中は多彩色の絵で埋められている。壁面のフレスコ画はチマブーエ、ジョットなどの芸術家の作品である。ジョットによる聖フランチェスコの生涯をテーマにした28場面は、当時の人にもわかりやすく描かれている。

アッシジに行くと、聖フランチェスコの教えや精神が現代の人々にちょっとでも伝わればいいのにと思う。清貧を選び、病気や恵まれない人々に自ら進んで仕え、現代人が忘れてしまった自然との一体感を文学史に残るほどの詩にした聖フランチェスコには、カトリックという一つの宗教を超えた何かがあるのではないか。宗教とは関係なく、彼の精神が私たちの世界を違った角度から見せてくれるように思う。

大きな聖堂を訪れたあとは、時間があれば少し足を伸ばしてサンタ・マリア・デッリ・アンジェリ教会まで行きたい。なんとその教会の建物の中には、小さくて古い教会がもう1堂すっぽりと入っている。この4×7メートルの建築物はポルツィウンコラというのだが、そこが聖フランチェスコの活動の拠点であり、彼は1226年にここで亡

09アッシジの町角。聖母マリアをまつる祭壇が見える。［撮影：内田俊秀］

くなった。今はフレスコ画でカラフルに飾られているが、もともと森の中にあるとても質素な建物だった。ポルツィウンコラの中に入ると、少しだけあの偉大な魂に近づけたような気がする。

アッシジでは5月の前半に、カレンディマッジョという祭りが開かれる。中世のゲームやパレードが再現され、当時にタイムスリップすることができる。

（マリレーナ・マリンチョーニ）

スポレート

あなたの知性と良心が試される町と言えば大げさだろうか。でも、そんなふうに思ってしまうのがスポレートだ。観光めぐりするような派手な見せ場はほとんどない。ドゥオーモとその前の広場はよく知られた名所だけど、そこにも観光客でにぎわうような派手なピッツェリアやお土産屋さんなどの店は並んでいない。広場を眺める絶好の場所に、親しみやすい静かなカフェテラスがあるだけだ。

2010年の夏に訪れたときは、町のメインストリート、G・マッツィーニ通りとリベルタ広場、メルカート広場に骨董市の屋台が並んで、かなりの人でにぎわっていた。毎月第2日曜日に骨董市が開かれるのだと、リベルタ広場にあるツーリスト・インフォメーションが教えてくれた。運が良かったのだ。

★スポレート（Spoleto）　ウンブリア州ペルージャ県。丘の斜面に広がる人口約3万9000人の町。6－8世紀にはロンゴバルド公国の首都であった。ロマネスク様式のドゥオーモやサンピエトロ教会、14世紀の水道橋「塔の橋」などが見どころ。現代と歴史をテーマにアートや演劇に出会う町でもある。

指輪、ブローチ、ペンダント、ナイフやフォークなどの食器、レコードアルバム、古本やエッチング、そんな手ごろな小物がたくさん並んでいた。屋台の間を縫って歩くと、飽きることがない。売り手もお客さんもどっちも表情豊かで、ゆっくりとこの時間を楽しんでいる。観光客であっても、そんな地元の雰囲気にすぐに紛れ込んでしまう。そんな市場だ。

市が終わった翌日、町は静かだった。

美しい石畳の通りが、やわらかく広場の方へ伸びている。通りにはところどころに淡いグリーングレーの椅子が置かれている。町歩きに疲れると、誰でもその椅子に座ってひと休みすることができるらしい。町の人が座って、近所の人たちとおしゃべりしている。「皆で椅子を置いとこうよ。何かと都合がいいじゃないか」ということかもしれない。カフェテラスなどで見かけるアルミパイプの肘かけ椅子とは違って、ちょっとソリッドな、そのまま室内に置いても良いんじゃないかと思うくらいの優雅な椅子だ。だから通りがまるで、「町のリビングルーム」みたいな雰囲気になってしまう。

ウンブリア州の料理とワインを堪能させてくれるという庶民

10

的なレストラン（Il Mio Vinaio）を見つけたので入ってみる。「厳選した」という表情の食材とワインの店（L'Antico Frantoio Panetti, www.frantoiopanetti.it）が、通りをはさんで向かい合っている。経営が一緒らしくて、店の方から生ハムを運んできたり、店と行ったりきたりして客をもてなす、飾り気のないちょっと不思議な雰囲気のレストランだった。素朴だけど優雅、そんな田舎の味がここでは楽しめる。

今日も時間はゆっくりと流れていく。町はそれを優しく包んでいる。

スポレートは、ローマ時代から現代に至るすべての歴史が積み重ねられている、と観光案内書には書いてある。注意深く歩いていくと、その積み重ねられた歴史の層が少しずつ見えてくる。ローマ時代の劇場、古い市壁、その上に積み重ねられた中世の町。ルネッサンスの壁画。そして現代アート。毎年「DUE MONDI（2つの世界）」と題する音楽と演劇の国際フェスティバル（www.festivaldispoleto.com）を開催することはよく知られている。

町を歩けば、現代を生きる町の人たちの自

10 G・マッツィーニ通りの骨董市はフリーマーケットのノリだ。

11「塔の橋」と呼ばれる水道橋。1350年に、町と向かい側の塔のある砦をつなぐ目的で建設されたという。長さ230メートル、高さ80メートル。深い谷に架かり、「はっ！」と息を飲む光景だ。誰でも歩いて渡ることができる。

信に満ちた生活の息吹が伝わってくる。

　そしてあなたはきっと、自分が気負いのない、素直な、修学旅行生のような気持ちになって町を見ていることに気づくだろう。

　町の一番高いところに大きな城砦がそびえている。そのふもとに、美しい谷を見下ろすカフェテラスがある。町をひと巡りしたあとでそこに座ると、「スポレートに来てよかった」と、しみじみと感じる。スポレートは、そんな町だ。


（井口勝文）

トゥスカーニア

　トゥスカーニアには鉄道が通っていない。したがってバスか車でしか行けない不便はあるが、中世の面影がたっぷり残る小さな町だ。他の国から来る観光客もほとんど見かけないのも良い。城壁や低層の家並みは、近くで切り出した柔らかめの凝灰岩を、四角いブロックにして積み上げて造られている。こげ茶色の壁に挟まれるように、黒い角石を敷き詰めた狭い道が起伏をもって続く町のつくりは、ラツィオ州の内陸部にある田舎町でよく見かけるたたずまいだ。中世の町の雰囲気もさることながら、私の一押しはこの町にある一軒のレストランである。

　たしか「鶏」という名前であったそのレストランは、小さなホテルに付属していた。20～30人の席しかなかったが、満席になったのは見たことがない。しかし、パスタも肉

★トゥスカーニア（Tuscania）　ラツィオ州ヴィテルボ県。人口約8300人。エトルリア起源の町で、付近でエトルリア時代の墓が多数見つかっている。発掘品の一部は国立エトルリア博物館で見ることができる。廃墟となった城壁の外側にロマネスク様式のサン・ピエトロ教会とサンタ・マリア・マッジョーレ教会がある。

もワインも良い（とくにワインは地のものも良いし、近くのトスカーナのものも良い。ソムリエや奥さんに尋ねるとあたりはずれがない）。最後のデザートも後味の残らない甘さが良い。つまり皆うまいということだ。牛のスジなど硬い肉をじっくり煮込んでとったスープをベースにした、しっかりした旨味が前面に出たような古色蒼然としたローマ風の味付けではなく、田舎料理でもない。さりとてボリュームのない見た目重視のこぎれいなものではなく、しっかりとした下ごしらえをして丁寧に仕上げられている。私がよく注文したのは、薄く切った若い牛肉の脂身の少ない部分を、甘味の残るワインで味付けしたもので、その季節に地元でとれた野菜が添えられ、その組み合わせがいつも楽しみだった。

城壁の外になるが、ロマネスク様式の教会も訪れるとよい。装飾や壁画は、1971年に起こった地震で少し傷んではいるが、歴史に興味ある人にはお勧めである。ロマネスク様式のバラ窓などを部分的に残した建築物が他にもいくつかあるので、1日は十分すごせる町である。

（内田俊秀）

⓬城壁に囲まれたトゥスカーニアの町。［撮影：Mattana］
⓭丘の上から見たロマネスク様式のサンタ・マリア・マッジョーレ教会（手前は鐘楼）。

23

歴史と文化の堆積層を見る
カンパーニア州

エルコラーノ

ヴェスヴィオ火山の周囲をぐるっと回る周遊鉄道に乗り、ナポリのピアッツァ・ガリバルディ駅を出ると、約20分でエルコラーノ・スカーヴィ駅に着く。駅の名前を訳すと「エルコラーノ遺跡」である。この遺跡は火山の噴火により埋没した町で、ポンペイと同様に古代ローマ時代の生活を目の当たりにすることができる。

遺跡から高台を見上げると、現代の町の家々に干された洗濯物が風に揺れている。丘の上の現代の家も、遺跡の家屋も形が似ていて、ふと時の経過を疑ってしまう。しかし埋もれた古代の2階建て住宅の上には、10メートルにもならんとする厚い火山灰の堆積

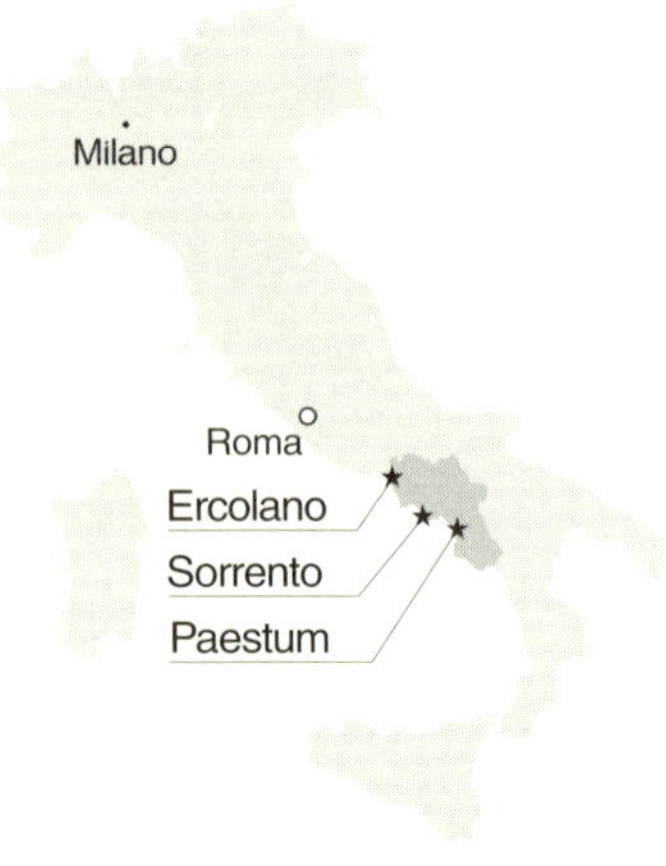

★エルコラーノ（Ercolano）　カンパーニア州ナポリ県。ヘラクレスによって建設されたという伝説のある町で、79年のヴェスヴィオ火山の噴火で埋没した。その上に建てられた現在の町の人口は、約５万5000人。エルコラーノ遺跡ではアウグストゥス帝の時代の共同浴場などを見ることができる。

層が覆っていて、遠い昔、多くの人が高温の砂に飲み込まれ生き埋めになる悲劇が起こったと、確認を迫られる。

石畳の路地を巡ると、きれいな水色のモザイクで壁を飾った小さな祠に出くわす。当時ここに祭られたテラコッタ製の神像などを思い描いていると、無心に祈る婦人の後姿が頭をよぎる。発掘された町のつくりはそれほどリアルで、現代のものによく似ている。

海岸に近いこの遺跡は、ヴェスヴィオ火山の噴火で街が壊滅する際に古代人がとった行動を、かなりリアルに伝えてくれる。１９８０年代の発掘調査の結果、まさに海に逃れようとしていた人々の遺体が発見されたからだ。湾の沖には救援のための船が待機していたが、高い波と降り注ぐ火山灰の中、なかなか海岸に近づくことができなかった。救助を待つ彼らは生き延びることは叶わず、火山ガスを吸い込み窒息し、火砕流に飲み込まれるなどして命を落としたのだろう。

01エルコラーノの遺跡（手前）と現代の家並。
02東京大学のチームによるソンマ・ヴェスヴィアーナでの発掘調査の様子。

ヴェスヴィオ火山は活火山で、いまでもときどき噴煙を上げるが、紀元後79年の大噴火などで、火山周辺の古代の町が灰に埋もれた。ポンペイ、エルコラーノの他にスタビアエなどもあり、ここから発見された美しい若い女性の後姿を描いたフレスコ画は、ナポリの国立博物館に保管されている。他にも同様の運命をたどった町からの多数の出土品を、この博物館で見ることができる。ぜひ訪れてほしい。

なお日本からの発掘調査隊も活躍しており、東京大学のチームが、この火山の噴火で埋もれたソンマ・ヴェスヴィアーナという遺跡で調査を続けている。活動の様子はウェブ上で見ることができる（http://somma.l.u-tokyo.ac.jp/somma-scavo/index.html）。

（内田俊秀）

パエストゥム

パエストゥムに行くには、ナポリからサレルノ駅まで鉄道を使い、そこから数は少ないがバスが出ているので、これを利用する。観光地として有名なのは、約２４００年前に建てられたギリシャ神殿がいくつも建っているからだ。一番大きいのは間口約25メートル、奥行き約60メートルというもので、太い柱が倒れずにそのまま何本も残っている。地元で切り出した石なのだろう、大理石のようにすべすべした表面でなく、貝殻が挟まっていそうな荒れた薄い茶色の石の肌は、いかにも鄙びた小都市にある遺跡の感じがして良い。しかし、造られた当時は、海岸近くにそびえる堂々とした神殿と、周囲を囲

★パエストゥム（Paestum）カンパーニア州サレルノ県。サレルノの南方30キロの所にある古代ギリシャ・ローマ遺跡。紀元前5世紀に建てられた女神ヘラの神殿、アテナ神殿、バジリカ（聖堂）などがある。「飛び込む人」の壁画は国立パエストゥム考古学博物館に所蔵されている。

む整った町が、内陸に向かって展開していたのだろう。発掘が途中なので全容はわからない。

数年前に訪れたときは、神殿の周りに鉄パイプの足場が組まれ、修理作業の最中であった。石の柱や破風などしか残っていない建物のどこを修理するのかと作業員に尋ねてみた。すると、今回は石の表面に汚れが付着したのでそれを落としているのだ、という答えが返ってきた。若い女性も含めて5人くらいのチームで、全員白のつなぎにマスクとヘルメットという服装である。イタリアの修復家の仕事はどんな状況かと質問してみると、国内だけでは仕事が途切れるので、ときどき、中近東や北アフリカにあるローマ時代の遺跡の修復に、チームを組んで出かけているという話だった。数ヵ月間続く現場を、ときには外国から外国へと渡り歩くことも珍しくないようだ。考えてみれば古代ローマ人やギリシャ人が造った建造物やモザイク画は、構造や材料はみなほとんどど同じである。気候も似ている。対象が同じような性質のものなら、同じ修復技術で対処できるというわけだ。

03 パエストゥム遺跡に残る古代ギリシャ神殿の一つ。

04 遺跡から発掘された壁画「飛び込む人」（国立パエストゥム考古学博物館蔵）。

この遺跡からは壁画も発見されていて、そのうちの「飛び込む人」が秀作だ。畳１枚くらいの大きさの白い漆喰の表面に、赤い細い線で一人の男が水面めがけて真っすぐに飛び込んでいく姿が描かれている。水中は「あの世」を意味しているのだろうか。墓室の天井を飾っていた絵である。

（内田俊秀）

ソレント

ポンペイ遺跡を見たら、ナポリに帰る前に電車でソレントに立ち寄ることをお勧めしたい。できれば遅い昼食でも、あるいは夕方の軽食でも、ここでとるといい。ソレントの小さな港には多くのレストランが軒を並べている。名は忘れたが、１軒のレストランはテラスを少し海に突き出し、20席くらいのテーブルを置いた、その中では小振りの店で、数年前の夏、遅めの昼食をここでとろうという友人の意見に従い訪れた。白い椅子に腰を下ろすとほどなく、１人しかいない女性の店員がメニューを持って近づいてきた。

すらっとした長身で、ベージュのノースリーブから出た腕の肌は白い。イタリア人ではないと思って尋ねると、彼女は32歳で、ウクライナから来たという。栗毛がかったブロンドの髪は、ゆるくウェーブし肩にかかる。私の注文が聞き取れなかったのだろう、腰をかがめ、顔を近づけてきた。「失礼します、もう一度……」と言いかけて薄い唇をわずかに開いたが、海の白い反射光に戸惑ったのか、耳元でささやくようにして、その

★ソレント（Sorrento）　カンパーニア州ナポリ県。人口約１万7000人のナポリ湾に面した港町。古代ギリシャ、ローマの支配を受け発展した。カプリ島やアマルフィ海岸の観光の拠点となる町である。

まま緑色の目をテーブルの端へそらせた。彫りの深い横顔が手の触れる距離にあった。

突然、肩越しに強い視線を感じた私は、体をねじり、店の奥に目をやり、その先を突き止めた。ビール樽のように腹が突き出たこのレストランの若い主人が、銀色の丸い盆を3本指で支え持ち、こちらへ出てくる機会をじっとうかがっていた。東洋人の2人の男の客に対する女性店員の接客の仕方が、主人の心のバランスを崩させたのだろう。私はこの2人の関係は主人と店員以上のものだと悟った。

ソレントは、港町にありがちな一見《いちげん》の観光客相手で商売をするような荒っぽい町ではない。このレストランもいい加減なものを出す店ではない。店員も経営者もしっかりしたものだろうに、落ち着きを失ったこの若い男に物静かなこの女性はもったいない、と思わせるほどちぐはぐな組み合わせに、あれこれと想像をめぐらすことになった。

近年、東欧諸国の民主化が進み、またソビエト連邦がロシアなどに解体したあと、国情不安も手伝って多くの人々が近くの西欧先進国に移り住んでくる。もともとイタリアといくつかの東欧諸国とは、地理的にも文化的にも近い関係だった。アドリア海を隔てて向かい合う国々などは、イタリア人が観光で訪れる機会も多かったし、イタリア国営放送ＲＡＩなどのラジオやテレビも見ることができる。言葉も、日本語と韓国語の差に比べれば、イタリア語に近い感じがする国も多い。女性が育ったウクライナは、この東欧諸国に接している旧ソ連の南部に位置する。どんないきさつでソレントで働き始めたのかは知る由もないが、歴史的にも文化的にも重なり合った厚い堆積層が背後にかいま

05

見える。
ソレントからナポリへ帰るには、地元の人もけっこう使っている水中翼船を使うとよい。この短い航海は実に眺めが良いのでぜひ勧めたい。多少水しぶきをかぶるのを我慢すれば、デッキに出て、思う存分ヴェスヴィオ火山の雄大な眺めを楽しむことができる。これは海上からしかできないことだ。かつて、火山の頂から噴出した溶岩が、ぐんぐん押し出されてそのまま一気に海に注いだのだろう、切り立った黒い屏風のような断崖が紺青の海にそそり立つ。噴火から約2000年後、すっかり緑に覆われた裾野には、オレンジ色の瓦をのせた家々が点々と集落をつくり、速力を上げた船はこれらを次々と後ろに置き去ってゆく。点在していた集落が近づいてやがて大きくなり、家々が密集しているのが見え始めると、高層建築が混じるナポリの港に到着する。
（内田俊秀）

05 ソレントの港。

24 地中海の島に残る多民族の足跡
シチリア島

タオルミーナ

タオルミーナの駅は、しゃれた造りの小さな平屋建てである。駅は海辺にあって、町に行くには脇の停留所からバスに乗る。駅を出るとすぐに九十九《つくも》折《おれ》の道がはじまる。切り立った斜面にへばりついたホテルの入り口を横目に、バスはぐんぐん登っていき、登り詰めた先がタオルミーナの町だ。丘の上の町まで所要時間は確か30分くらいだったと記憶している。ここからの展望は、どの角度からでも息を飲む眺めだ。紺碧の海と、画家が配置したのかと思えるほど、ぴったりと構図に収まる島々が眼下に広がる。

タオルミーナは狭い町なので、10分くらい歩けばいくつかの展望スポットを回ること

★タオルミーナ（Taormina） シチリア州メッシーナ県。シチリア島東部、イオニア海に臨むタウロ山の中腹にある町で人口約1万1000人。有数のリゾート地で古代ギリシャの劇場やローマ、ビザンチンの遺跡も残る。高台の町にある展望台からはイゾラ・ベッラ（ベッラ島）も見渡せ、最高の眺望。

01 タオルミーナのギリシャ劇場。崖の上に建ち、舞台の向こうにはイオニア海が見渡せる。

ができる。中でも、一番のお勧めはギリシャ劇場だ。これは名前の通り、古代ギリシャの植民地だった時代に造られた劇場で、2000年はゆうに経っている。すり鉢状の観客席の上段に立って舞台を見下ろすと、背景に海や島が展開する。崖の上に造られた劇場は、借景にイオニア海を使うという贅沢なつくりで、文豪のゲーテも1787年5月6日にここに立ち寄り、同じような感想を書き付けている。1885年にはモーパッサンが、シチリアで一番風光明媚な場所というようなことを語ったと町のホームページの冒頭に記されていて、歴史的にもいかに有名な避暑地であるかと町は宣伝している。

帰路、鉄道の駅まで降りてきたら、電車を待つ間、駅舎の中にある小さなバールで簡単なおやつをとったらどうか。これにはパニーノとビールの組み合わせがお勧めだ。パニーノはパンにハムを挟んだ簡単なもので、イタリア中どこでも見かけるものだが、塩味のきいたハムかモルタデッラ・ソーセージのどちらでもよい。夏なら、一口ほおばり、冷たいビールで流し込むと、安くて速いおなか一杯のおやつになる。（内田俊秀）

パレルモ

夏の夕方、小雨が降り、空気が冷え、根の絡まった太い街路樹が暗い街路に影を落とすと、パレルモは不思議な解放感に包まれる。それは、南国がもたらすものではなく、町に埋め込まれた多様な文化と歴史がつくり出す複雑な雰囲気だ。市の中心部を歩いても、イスラームの小さな丸屋根の建物があると思えば、シチリア・バロックと呼ばれる大げさだが美しい曲線からなる建物が続き、それが途切れたと思うと第2次大戦で破壊された家が放置されている。アラビア語とヘブライ語で書かれた街路板を掲げる街区もあり、アフリカからの移民が多く住む。

建物内部の装飾も、異質なものの共存という点では枚挙にいとまがない。モザイク画の聖母やキリストの物語が、まばゆいばかりの金色の背景に浮かび

02 広場の一角に掲げられた街路板。左下の板にはイタリア語とヘブライ語、アラビア語の表示が見える。

★パレルモ（Palermo）　シチリア州の州都。地中海最大の島、シチリア島の北部にあるティレニア海に面した人口約65万人の町。古代フェニキア人によって創設され、ローマ帝国、ビザンチン帝国、イスラーム王朝の領土となった後、ノルマン人の支配を受けシチリア王国の首都として繁栄をとげた。

上がる。振り返れば、時代が下って描かれたバロックのフレスコ画が天井を飾り、ここはヨーロッパとイスラム世界が共存している。

美術品もかつての栄華をしのばせる。シチリア州立美術館は「アッバテリスの館」とも呼ばれ、中世の貿易で財をなした富豪が建てた館をそのまま使用している。正方形だった館は、海岸に面した部分にバロック形式の教会が取り付けられるなど、数百年の間に幾多の改変を加えられ今に至っている。しかし、凝灰岩でできた館の高い壁には、重い木の扉をはめ込んだ小さな入り口がうがたれ、扉を押し開いて入った中庭には、真上から太陽の光が降り注ぎ、低い芝草の緑がきらきら光り、中世の修道院の庭だ。

１階部分の展示場は、作品のどれをとっても、なぜイタリアの南の果ての地にこれがあるのかと、目を疑うほどの質の高さだ。絵画、彫刻、陶磁器、どれをとっても、見る者をさりげなく引き込み、そして釘付けにさせる。その完成度と表現のオリジナリティ、主題の訴える強さや包容力、それらを他の美術館でたとえるなら、フィレンツェのウフィツィ美術館、ローマのヴァチカン美術館の作品群に、全く劣らない。詳しくは、美術館の解説書などを読んでいただきたいが、代表作として、大理

03 シチリア州立美術館「アッバテリスの館」の展示室から見た中庭。

石の彫刻作品ではアントネッロ・ガジーニ作の「若者の肖像」、絵画ではアントネッロ・ダ・メッシーナの「受胎告知の聖母」などを挙げれば十分だろう。

建物内部の空間構成も研ぎ澄まされている。展示室の案内人にその理由を質問すると、この展示空間は1950年代に、ヴェネツィア生まれの建築家カルロ・スカルパが作ったものだという。これには納得する。

「リーソの館」と呼ばれるシチリア州立現代美術館も、地味だがお勧め場所である。1700年代以降のシチリアの作家による作品を展示している。油彩画は全体的に明度が高く、これもシチリアの太陽の光の強さに影響されたからかと、暗めの展示室を巡りながら考えた。建物の入り口は近世の教会風で石積みのがっしりしたものだが、内部の造りは東京都現代美術館みたいに現代的だ。見学に疲れたら、中庭に面した小さなバールで酸味のきいたレモンシャーベットなどを注文するとよい。

（内田俊秀）

カルタニセッタ

外国からの旅行者にはほとんど知られていないが、カルタニセッタは古代から交通の要衝として、シチリアを南北に動くにも東西に移動するにも通過しなければならない場所であった。中世にはアラブ人が入ってきたが、もとはニッサと呼ばれる町であった。

私はバスの乗り継ぎがうまくいかず、ある金曜日の午前中、偶然ここで時間をつぶす

★カルタニセッタ（Caltanissetta）　シチリア州カルタニセッタ県。シチリア島のほぼ中央に位置する人口約６万人の町。他のシチリアの町と同様にギリシャの植民地となった後、ローマ、アラブの支配を受け発展する。赤レンガの塔が残るピエトラロッサ城は、アラブ人支配の時代の建造物と言われる。

04カルタニセッタの町の中心、ガリバルディ広場。

ことになった。長距離バスから降り立ったターミナルは町の下の方にあり、市の中心にあたるドゥオーモや広場は、20分ほど坂道を上ったところにあるという。町の様子を知るには、まず中心部にたどり着いてそこから探索を始めるのが、イタリア旅行の常道だから、私も道を尋ねながら細い坂道を上っていった。

上り坂が終わり、教会横の建物のドアを押して腰を下ろしたバールは、ドゥオーモ前の広場に面していた。まだ出勤途中の車が行きかい、交通整理の警察官が手持ち無沙汰にしている、よく見かける朝の光景がそこにあった。

バールの主人は小柄な男で、レジの前に座り、なじみの客が入ってくると冗談を言い、ときどき立ち上がって外に出ては広場を眺めている。私は、カルタニセッタの近くに、たしか著名な現代小説家の住んでいた町があるはずだが、と聞いてみた。すると、隣の席で熱心に新聞を読んでいた牧師が、作家の名前にピクッと反応した。主人も少し驚いたようだったが、32キロばかり内陸に入ったところにその町はあり、その作家はここにもよく来ていた、などと話し始めた。

遠方からの旅人に彼は興味を持ったようで、問わず語りに町のことを話し始めた。聞けばカルタニセッタは、第2次世界大戦の末期、ドイツ軍を追って内陸部に攻め上ってきたアメリカ軍に空爆を受け、このバールも屋根が壊れたという。そのときの写真があるから見るかと私を誘ってくれた。レジの横を通って案内された奥の小部屋の壁には、B4判くらいに引き伸ばされた白黒写真が2枚貼ってあり、そこには銃を持った2人のアメリカ兵が広場に立ち、辺りをうかがっている様子が写っていた。写真をよく見れば、バールの向かいの建物も2階の上部が吹き飛んでおり、爆撃されたことがわかる。ドイツ軍も守備を堅固にしていたのだろう、激しい戦闘が繰り広げられたことが想像できた。

敵の追撃に活躍したのは、アメリカ兵もさることながら、小銃を武器に戦った地元民のパルチザンであったという。そして彼の知り合いの家族にもその一員がいた。私は、アメリカ兵が写る白黒の写真が、突然、色彩を帯びて映画のように動き始める錯覚を覚えた。

（内田俊秀）

アグリジェント

二千数百年前、ジェラという名前の古代ギリシャ植民地から移住してきた者たちが建

★アグリジェント（Agrigento）　シチリア州アグリジェント県。シチリア島南部の人口約5万9000人の町。紀元前6-5世紀に建造されたギリシャ神殿群が残る「神殿の谷」が有名。1934年にノーベル文学賞を受賞した作家ルイージ・ピランデッロはこの町の出身。

設した植民都市アグリジェント。海岸から内陸に2～3キロ入ると、行く手に立ちはだかるように丘がそそり立っている。丘の上のところどころに倒壊した石の柱が積み上がり、ごろごろと転がっている。唯一、建物の全容が把握可能なコンコルディア神殿は、堂々とした姿で、当時の繁栄ぶりを物語る。この神殿を建てた人々が生活した古代都市は、丘の後の傾斜地に広がっていたし、前面の海まで続く平野には豊かな穀倉地帯が続いていたであろうが、いまはオリーブ畑に変わり、その面影すら残っていない。往時を偲ばせる神殿の石積みに立つと、海から吹き上る風を通して、当時のざわめきが時を超えて伝わってくるようで、思わず耳を澄ませてしまう。

現代の町はさらに内陸に入り、遺跡より高い丘に造られている。たぶん、中世くらいから少しずつ建物が建ち始め、今では丘の斜面にまで、家々がへばりついている。低い丘に造られたギリシャ時代の神殿群、それを見下ろす高い丘に造られた現代の町。アグリジェントに到着したとき、この2つの町が無関係に存在しているような印象を受けた。

宿泊先のホテルは、簡素な家具とベッドが置いてあるだけの小さな昔風の部屋だった。荷物を置くとすぐに街の散策に出かけた。傾斜地に建つ現在の町は、どこからでも眼下

05 アグリジェントの古代ギリシャ遺跡。倒壊した神殿の大理石の石柱が青空に映える。

06 古代ギリシャ遺跡を見下ろす丘にある現代のアグリジェントの町並み。

に古代神殿を眺めることができる。

日々の暮らしの風景の中に神殿は存在する。そしてその後ろには真っ青な地中海が広がり、かなたにあるアフリカが、ギリシャが、トルコが容易に意識されるのではなかろうか。いまは国境をへだて、行き来が自由にできないこれらの国々から、かつて人々は地中海を風に乗った帆船で横切り、季節ごとにアグリジェントへやって来たのだろう。そしてこの地に定住する人も少なくなかったはずだ。この人々を祖先に持つアグリジェントの人の体内には、滅びたはずの文明の血が流れ、文化のＤＮＡとなって残っていることを、いやおうなしに意識させるモニュメントでもあるのだろう。

夕飯を済ませ、細い路地を下りながら眼下にライトアップされた神殿を見たとき、ここで生まれたノーベル文学賞作家の小説に、そんなことが書いてあったのではと、酔いの中で記憶をたどってみた。

（内田俊秀）

06

コラム
03

パレルモで食べる

夕食は、トラットリア（食堂）で食べる魚料理がおいしい。

美術館で働くシチリア人の友人と入った店がある。彼によれば、シチリアの貧しい人たちは肉が買えないとき、代わりに魚でそれらしいものを作ったという。また味付けは、甘味を砂糖で、酸味を酢で出したものが多いという。

前菜は、イワシのつみれの甘辛煮、サーディンに香草を加えた包み揚げ、小ダコのトマト煮などがケースに並んでおり、見ただけで口中に唾液が分泌し始める。好きな品々を一皿に盛る。ワインはもちろん冷えたシチリアの白。一皿目プリモ・ピアットは、夏だったのでカジキマグロの卵をまぶしたスパゲッティ。残念なことに、その夜はこれでおなかが一杯となり、退散した。

パレルモ市内のレストランで。手前の皿は、カジキマグロの卵のスパゲッティ。

この店にはもう一度、一人で出かけた。ホテルの近くにあった別の店は旅行ガイドに載っていたが、私のような一人旅の男には、なかなか席を用意してくれない。その点、地元の人と来たことがある店は、「いらっしゃい、この席にどうぞ」と歓待してくれる。

しかし、料理はいつもおいしいものにありつけるわけではない。旅は運任せでもある。たとえば、昼飯をマッシモ劇場の近く、路地にテーブルを出している小さな食堂に入ったときのこと。無難なものにしようと、トルテッリーニを一皿注文したが、いささかその塩辛さに閉口した。トマトソースがベースで、ナスの角切り、溶けるチーズ、ミニトマトが入っていた。すりおろしたパルミジャーノをかけたが、半分以上食べ残した。こんな経験はめったにない。やはり地元の人の紹介や、事前の情報収集は転ばぬ先の杖となる。

パレルモで軽く昼を済ませるなら、トマトの酸味の利いたライスコロッケ、アランチーニがお勧めだ。中央駅から少し歩いた路地の角にあるバールに寄ったときのことだ。握りこぶしほどもあるアランチーニを1つ、ビールと一緒に注文して席に着くと、背の低い縮れ毛の若い男が隣のパイプ椅子に腰かけ、無言でアランチーニをほおばっていた。客はわれわれ2人だけだったが、こんな小さな場末の店でも、数種類のものが用意されている。丸いボール形のほかに太めのソーセージ形、中身もトマト味、チーズ味など、一日1種類選んでいくのも楽しみだろう。

（内田俊秀）

パレルモのバールのショーケースには、アランチーニや数種のパンなどが並ぶ。

イタリアをより深く旅するための文献案内

【概　要】

『イタリア旅行協会公式ガイド』１～５、ＮＴＴ出版、１９９５～96年

【歴　史】

青柳正規『皇帝たちの都ローマ』中央公論社、１９９２年
石鍋真澄『サン・ピエトロが立つかぎり――私のローマ案内』吉川弘文館、１９９１年
多田富雄『イタリアの旅から――科学者による美術紀行』誠信書房、１９９２年
クラウス・ヘルト『地中海哲学紀行』（上・下）井上克人・國方栄二監訳／北尻祥晃ほか訳、晃洋書房、１９９８年

【美　術】

熊倉洋介ほか『カラー版　西洋建築様式史』美術出版社、１９９５年
高階秀爾『ルネッサンスの光と闇――芸術と精神風土』〈中公文庫〉中央公論社、１９８７年
高階秀爾『フィレンツェ――初期ルネサンス美術の運命』中央公論社、１９６６年
ジェイムズ・ホール『西洋美術解読事典』高階秀爾監修／高橋達史ほか訳、河出書房新社、１９８８年
若桑みどり『絵画を読む――イコノロジー入門』〈ＮＨＫブックス〉日本放送出版協会、１９９３年

【修　復】
アレッサンドロ・コンティ『修復の鑑――交差する美学と歴史の思想』岡田温司他訳、ありな書房、２００２年
チェーザレ・ブランディ『修復の理論』小佐野重利監訳／池上英洋・大竹秀実訳、三元社、２００５年

【食】
アルベルト・カパッティ、マッシモ・モンタナーリ『食のイタリア文化史』柴野均訳、岩波書店、２０１１年
西村暢夫『イタリア食文化の起源と流れ』文流、２００６年
エウジェニア・S・P・リコッティ『古代ローマの饗宴』武谷なおみ訳〈講談社学術文庫〉講談社、２０１１年

【建築・都市】
井口勝文・江川直樹・若本麗湖・難波健『イタリアの都市から学ぶ日本の小都市の可能性』学芸出版社 Voyager Store、２０１２年（電子書籍）
鵜沢隆・伊藤重剛編『世界の建築・街なみガイド⑶イタリア・ギリシア』エクスナレッジ、２００３年
河島英昭『ローマ散策』〈岩波新書〉岩波書店、２０００年
黒田泰介『イタリア・ルネサンス都市逍遥――フィレンツェ：都市・住宅・再生』鹿島出版会、２０１１年
陣内秀信『ヴェネツィア――水上の迷宮都市』〈講談社現代新書〉講談社、１９９２年
蔦谷栄一『オーガニックなイタリア農村見聞録――地域への誇り高き国に学ぶ』家の光協会、２００６年
中嶋和郎『ルネサンス理想都市』〈講談社選書メチエ〉講談社、１９９６年
野口昌夫『イタリア都市の諸相――都市は歴史を語る』刀水書房、２００８年
淵上正幸・ギャラリー間『ヨーロッパ建築案内１　南欧編』ＴＯＴＯ出版、１９９８年
B・ルドルフスキー『人間のための街路』平良敬一・岡野一宇訳、鹿島出版会、１９７３年
若桑みどり『フィレンツェ――世界の都市の物語』文藝春秋、１９９４年

■執筆者紹介（五十音順）

井口勝文（いのくち・よしふみ）
建築家、京都造形芸術大学客員教授。福岡県朝倉市生まれ。九州大学建築学科卒業。1970-71年イタリア政府給費留学。専門は都市・建築の設計。1993年以来、イタリアのメルカテッロ・スル・メタウロの町家の修復を続けている。
著書に『都市のデザイン』（学芸出版社、2002年）、『フィレンツェの秋』（中央公論美術出版、1995年）、『イタリアの都市から学ぶ日本の小都市の可能性』（電子書籍、学芸出版社、2012年）（いずれも共著）など。
担当章：19, 22（サン・ジミニャーノ、オルヴィエト、スポレート）

内田俊秀（うちだ・としひで）
編著者紹介の項参照。
担当章：1-2, コラム01, 3-4, 6, 21（ヴェローナ、パドヴァ、ラヴェンナ、カッラーラ), 22（ウルビーノ、トゥスカーニア), 23-24, コラム03

清水里香（しみず・りか）
修復士、通訳。宮城県仙台市生まれ。慶應義塾大学文学部史学科卒業。東京大学大学院人文科学研究所博士課程（美術史学専攻）中退。在学中の専攻は古代ギリシア・ローマ美術。ローマ大学文学部古典古代史学科に留学後、Istituto Italiano del Restauro e Arti Artigianaliにて絵画および彫刻の修復を学ぶ。ローマ市在住。
担当章：5, 14-16, 20

マリレーナ・マリンチョーニ（Marilena Marincioni）
ラツィオ州リエーティ在住。2004-07年、大阪外国語大学外国語学部教員、2007-10年、大阪大学世界言語研究センター教員。
担当章：7-13, 17, コラム02, 18, 21（ヴェネツィア), 22（ピエンツァ、アッシジ）

■編著者紹介

内田俊秀（うちだ・としひで）
京都造形芸術大学芸術学部教授。神奈川県生まれ。明治大学文学部卒業。イタリア国立ローマ中央修復研究所や文化財保存修復研究国際センター（ICCROM）に留学。専門は文化財の保存修復。
著書に、日本産業技術史学会編『日本産業技術史事典』（思文閣出版、2007年）、京都造形芸術大学編『文化財のための保存科学入門』（角川書店、2002年）（いずれも共著）など。

エリア・スタディーズ　96
イタリアを旅する24章

2012年4月25日　初版第1刷発行

編著者　内田俊秀
発行者　石井昭男
発行所　株式会社明石書店
〒101-0021 東京都千代田区外神田6-9-5
電話03（5818）1171
FAX 03（5818）1174
振替　00100-7-24505
http://www.akashi.co.jp/
装丁　明石書店デザイン室
印刷　株式会社文化カラー印刷
製本　協栄製本株式会社

（定価はカバーに表示してあります）　ISBN978-4-7503-3582-7

エリア・スタディーズ

1 現代アメリカ社会を知るための60章
明石紀雄、川島浩平編著 ◎2000円

2 イタリアを知るための55章
村上義和編著 ◎1800円

3 イギリスを旅する35章
辻野 功編著 ◎1800円

4 モンゴルを知るための60章
金岡秀郎 ◎2000円

5 現代フランスを知るための36章
梅本洋一、大里俊晴、木下長宏編 ◎1800円

6 現代韓国を知るための55章
石坂浩一、舘野 晳編著 ◎1800円

7 オーストラリアを知るための58章【第3版】
越智道雄 ◎2000円

8 現代中国を知るための40章【第4版】
高井潔司、藤野 彰、曽根康雄編著 ◎2000円

9 ネパールを知るための60章
日本ネパール協会編 ◎2000円

10 アメリカの歴史を知るための62章【第2版】
富田虎男、鵜月裕典、佐藤 円編著 ◎2000円

11 現代フィリピンを知るための61章【第2版】
大野拓司、寺田勇文編著 ◎2000円

12 ポルトガルを知るための55章【第2版】
村上義和、池 俊介編著 ◎2000円

13 北欧を知るための43章
武田龍夫 ◎2000円

14 ブラジルを知るための56章【第2版】
アンジェロ・イシ ◎2000円

15 ドイツを知るための60章
早川東三、工藤幹巳編著 ◎2000円

16 ポーランドを知るための60章
渡辺克義編著 ◎2000円

17 シンガポールを知るための62章【第2版】
田村慶子編著 ◎2000円

18 現代ドイツを知るための55章 変わるドイツ・変わらぬドイツ
浜本隆志、髙橋 憲 ◎2000円

19 ウィーン・オーストリアを知るための57章【第2版】
広瀬佳一編著 ◎2000円

20 ハンガリーを知るための47章 ドナウの宝石
羽場久美子編著 ◎2000円

21 現代ロシアを知るための55章
下斗米伸夫、島田 博編著 ◎2000円

22 21世紀アメリカ社会を知るための67章
明石紀雄監修 ◎2000円

23 スペインを知るための60章
野々山真輝帆 ◎2000円

24 キューバを知るための52章
後藤政子、樋口 聡編著 ◎2000円

25 カナダを知るための60章
綾部恒雄、飯野正子編著 ◎2000円

26 中央アジアを知るための60章【第2版】
宇山智彦編著 ◎2000円

27 チェコとスロヴァキアを知るための56章【第2版】
薩摩秀登編著 ◎2000円

28 現代ドイツの社会・文化を知るための48章
田村光彰、村上和光、岩淵正明編著 ◎1800円

29 インドを知るための50章
重松伸司、三田昌彦編 ◎1800円

30 タイを知るための60章
綾部恒雄、林 行夫編著 ◎2000円

31 パキスタンを知るための60章
広瀬崇子、山根 聡、小田尚也編著 ◎2000円

32 バングラデシュを知るための60章【第2版】
大橋正明、村山真弓編著 ◎2000円

33 イギリスを知るための65章
近藤久雄、細川祐子編著 ◎2000円

34 現代台湾を知るための60章【第2版】
亜洲奈みづほ ◎2000円

35 ペルーを知るための66章【第2版】
細谷広美編著 ◎2000円

36 マラウィを知るための45章【第2版】
栗田和明 ◎2000円

37 コスタリカを知るための55章
国本伊代編著 ◎2000円

38 チベットを知るための50章
石濱裕美子編著 ◎2000円

39 現代ベトナムを知るための60章
今井昭夫、岩井美佐紀編著 ◎2000円

40 インドネシアを知るための50章
村井吉敬、佐伯奈津子編著 ◎2000円

〈価格は本体価格です〉

エリア・スタディーズ

41 エルサルバドル、ホンジュラス、ニカラグアを知るための45章
田中 高編著 ◎2000円

42 パナマを知るための55章
国本伊代、小林志郎、小澤卓也 ◎2000円

43 イランを知るための65章
岡田恵美子、北原圭一、鈴木珠里編著 ◎2000円

44 アイルランドを知るための70章【第2版】
海老島 均、山下理恵子編著 ◎2000円

45 メキシコを知るための60章
吉田栄人編著 ◎2000円

46 中国の暮らしと文化を知るための40章
東洋文化研究会編 ◎2000円

47 現代ブータンを知るための60章
平山修一編著 ◎2000円

48 バルカンを知るための65章
柴 宜弘編著 ◎2000円

49 現代イタリアを知るための44章
村上義和編著 ◎2000円

50 アルゼンチンを知るための54章
アルベルト松本 ◎2000円

51 ミクロネシアを知るための58章
印東道子編著 ◎2000円

52 アメリカのヒスパニック＝ラティーノ社会を知るための55章
大泉光一、牛島 万編著 ◎2000円

53 北朝鮮を知るための51章
石坂浩一編著 ◎2000円

54 ボリビアを知るための68章
真鍋周三編著 ◎2000円

55 コーカサスを知るための60章
北川誠一、前田弘毅、廣瀬陽子、吉村貴之編著 ◎2000円

56 カンボジアを知るための60章
上田広美、岡田知子編著 ◎2000円

57 エクアドルを知るための60章
新木秀和編著 ◎2000円

58 タンザニアを知るための60章
栗田和明、根本利通編著 ◎2000円

59 リビアを知るための60章
塩尻和子 ◎2000円

60 東ティモールを知るための50章
山田 満編著 ◎2000円

61 グアテマラを知るための65章
桜井三枝子編著 ◎2000円

62 オランダを知るための60章
長坂寿久 ◎2000円

63 モロッコを知るための65章
私市正年、佐藤健太郎編著 ◎2000円

64 サウジアラビアを知るための65章
中村 覚編著 ◎2000円

65 韓国の歴史を知るための66章
金 両基編著 ◎2000円

66 ルーマニアを知るための60章
六鹿茂夫編著 ◎2000円

67 現代インドを知るための60章
広瀬崇子、近藤正規、井上恭子、南埜猛編著 ◎2000円

68 エチオピアを知るための50章
岡倉登志編著 ◎2000円

69 フィンランドを知るための44章
百瀬 宏、石野裕子編著 ◎2000円

70 ニュージーランドを知るための63章
青柳まちこ編著 ◎2000円

71 ベルギーを知るための52章
小川秀樹編著 ◎2000円

72 ケベックを知るための54章
小畑精和、竹中 豊編著 ◎2000円

73 アルジェリアを知るための62章
私市正年編著 ◎2000円

74 アルメニアを知るための65章
中島偉晴、メラニア・バグダサリヤン編著 ◎2000円

75 スウェーデンを知るための60章
村井誠人編著 ◎2000円

76 デンマークを知るための68章
村井誠人編著 ◎2000円

77 最新ドイツ事情を知るための50章
浜本隆志、柳原初樹 ◎2000円

78 セネガルとカーボベルデを知るための60章
小川 了編著 ◎2000円

79 南アフリカを知るための60章
峯 陽一編著 ◎2000円

80 エルサルバドルを知るための55章
細野昭雄、田中 高編著 ◎2000円

〈価格は本体価格です〉

81 **チュニジアを知るための60章**
鷹木恵子 編著 ◎2000円

82 **南太平洋を知るための58章** メラネシア ポリネシア
吉岡政德、石森大知 編著 ◎2000円

83 **現代カナダを知るための57章**
飯野正子、竹中 豊 編著 ◎2000円

84 **現代フランス社会を知るための62章**
三浦信孝、西山教行 編著 ◎2000円

85 **ラオスを知るための60章**
菊池陽子、鈴木玲子、阿部健一 編著 ◎2000円

86 **パラグアイを知るための50章**
田島久歳、武田和久 編著 ◎2000円

87 **中国の歴史を知るための60章**
並木頼壽、杉山文彦 編著 ◎2000円

88 **スペインのガリシアを知るための50章**
坂東省次、桑原真夫、浅香武和 編著 ◎2000円

89 **アラブ首長国連邦(UAE)を知るための60章**
細井 長 編著 ◎2000円

90 **コロンビアを知るための60章**
二村久則 編著 ◎2000円

91 **現代メキシコを知るための60章**
国本伊代 編著 ◎2000円

92 **ガーナを知るための47章**
高根 務、山田肖子 編著 ◎2000円

93 **ウガンダを知るための53章**
吉田昌夫、白石壮一郎 編著 ◎2000円

94 **ケルトを旅する52章** イギリス・アイルランド
永田喜文 ◎2000円

95 **トルコを知るための53章**
大村幸弘、永田雄三、内藤正典 編著 ◎2000円

96 **イタリアを旅する24章**
内田俊秀 編著 ◎2000円

——以下続刊

イラストで知る アジアの子ども
財団法人アジア保健研修財団 編著 ●1800円

アフリカ学入門 ポップカルチャーから政治経済まで
舩田クラーセンさやか 編 ●2500円

〈価格は本体価格です〉